IL N’Y A PAS DE MOT…

Isabelle FRAISSEIX

Il n'y a pas de mot…

Éditions Baudelaire

Envois de manuscrits :
Éditions Baudelaire – 27, place Bellecour – 69002 Lyon

Quand on perd son mari ou sa femme… on est veuf ou veuve

Quand on perd son père ou sa mère… on devient orphelin

Mais quand on perd son enfant…
il n'y a pas de mot pour le dire

À Romy, Margot et Nathan
mes trois soleils…

Julie

Je suis morte le 8 février 2019 à deux heures trente du matin. J'avais trente-huit ans. Je pesais trente-deux kilos.

En trois ans, j'avais déjà fait soixante-seize chimios… quinze pipacs… passé plus de quatre-vingts nuits à l'hôpital…

À cet instant, ma vie se résumait-elle à quelques chiffres ?

Non, j'étais en train de vivre le moment le plus important de ma vie… ma mort… entourée de tous les êtres qui me sont chers ; mes parents Isabelle et Yves, ma sœur Marie, mon frère Henri et sa femme Laurianne, mon chéri Damien, ma cousine Maud, et Jean-Jacques, un ami de ma mère.

Ils sont tous là autour de ce lit d'hôpital, j'entends leurs voix, je sens leur présence, je voudrais leur parler mais en même temps je me sens m'éloigner d'eux, sans doute l'effet de la morphine ! Ils me disent qu'ils m'aiment, que je suis la plus forte, que je me suis battue et qu'ils m'admirent. Je voudrais rester avec eux, leur dire que moi aussi je les aime, mais je sens une douceur qui commence à m'apaiser et à m'attirer.

Enfin, j'entends ma mère prononcer cette phrase qu'au fond de moi j'attendais :

« Tu peux partir, ma chérie, ne t'inquiète pas pour nous, tu t'es battue comme une lionne mais maintenant il est temps pour toi de partir et de nous quitter. »

Quel soulagement ! Je retrouve en moi, comme par magie, un soupçon de force qui me permet de leur serrer la main à chacun, un instant, ma façon à moi de leur dire adieu, tirer ma révérence à ce monde… Je n’ai pas peur, d’ailleurs je n’ai jamais eu peur, je sais que là où je vais je ne souffrirai plus, et dans ce qui me reste de conscience, je ressens une certaine fierté d’être là, entourée de tous ceux que j’aime. Je vois défiler ma vie en quelques instants et une image me revient, quand, à l’âge de huit ans, je disais à ma petite sœur : « Tu verras, un jour, j’aurai une grave maladie et tout le monde s’occupera de moi ! »

Quelle ironie ! Mais au fond n’étais-je pas en train de vivre un moment que j’avais toujours attendu…

Alors, au fond de moi, j’ai su qu’il était temps de respirer une dernière fois… une grande et longue respiration… et je suis partie…

Isabelle

Huit heures du soir ce jeudi 7 février, mon téléphone sonne. C'est Maud, ma nièce :

« Isa, je suis chez Julie, elle va très mal, je pense qu'il faut que vous veniez tout de suite. »

Nous partons immédiatement, Yves et moi. Dans la voiture, c'est le silence, mais je sais que le moment tant redouté depuis trois ans est en train d'arriver, que nous sommes en train de vivre des heures qui vont nous marquer à tout jamais.

J'avais quitté Julie en fin d'après-midi chez elle, elle allait mal, très mal, elle souffrait terriblement depuis quelques heures, mais comme à son habitude elle avait voulu me rassurer en me disant :

« L'infirmière va passer dans deux heures et elle va me faire une piqûre supplémentaire de morphine, t'inquiète, Maman, ça va le faire ! »

J'avais tout de même attendu le retour de Damien à la maison ; de toute façon, elle ne pouvait pas rester seule un moment, car depuis quelques jours elle n'arrivait plus à marcher du tout. Ses trente-deux kilos ne supportaient plus le poids de son corps, il fallait la porter dans nos bras.

Elle était rentrée de l'hôpital seulement depuis deux jours, avec en place tout un système d'hospitalisation à domicile, mais elle était heureuse que je sois là pour m'occuper d'elle. Et, malgré la situation, j'appréciais moi aussi ces moments où je ressentais que ma présence lui était nécessaire et apaisante. Nos discussions parlaient de tout, sauf de la maladie et de son état. Le plus dur, quelquefois pour moi, était de trouver des nouveaux sujets de conversation. Sans doute pensait-elle que je radotais un peu car, à court d'idées, je reparlais souvent des mêmes choses !

Tout l'après-midi, elle avait travaillé à remettre de l'ordre dans la comptabilité et le courrier du centre ophtalmologique dont elle était la directrice… sa fierté ce travail ! Et, malgré la maladie, elle n'avait jamais cessé de travailler, souvent à distance. Était-ce uniquement l'amour de son travail ou alors voulait-elle susciter l'admiration des médecins du centre ? Je crois bien qu'elle était fière de montrer à tous que, coûte que coûte, elle était là, pleinement responsable de sa fonction.

Quand nous sommes arrivés chez elle, elle était méconnaissable, brisée et épuisée par ces heures de souffrance, pliée en deux en train de geindre. J'ai compris que sans doute elle avait perforé son occlusion intestinale car la douleur était insupportable. Elle m'a pris la main et m'a dit tout doucement :

« Maman, ça y est, je vais mourir. »

C'était la première fois qu'elle me parlait de la mort… je ne me doutais pas que cette phrase serait la dernière à sortir de sa bouche.

L'ambulance est arrivée à vingt-deux heures, direction les urgences… Je téléphone à ma fille et mon fils pour leur dire de nous rejoindre, et nous nous sommes tous retrouvés dans ce hall des urgences à attendre qu'on veuille bien nous donner des nouvelles.

La froideur de cette salle d'attente et des secrétaires qui refusaient que nous allions voir ma fille nous maintenait dans un état second entre tristesse, peur et colère.

Je pensais à ma Julie, seule, sans doute abandonnée dans un couloir. Ce que je redoutais était en train d'arriver, mais après trente minutes d'attente, Marie n'a plus laissé le choix à la secrétaire en l'obligeant à ouvrir cette satanée porte qui nous séparait de Julie, mais accès limité à deux personnes seulement !

Damien et Marie ont donc pu entrer. Pour moi et ceux qui restaient, l'attente devenait de plus en plus difficile à supporter. Comment peut-on à ce point manquer d'humanité dans un moment pareil ?

Heureusement, après quelques minutes, Marie nous a ouvert la porte magique et nous avons pu tous entrer. Notre Julie était installée dans un bloc avec un masque pour respirer, branchée à plusieurs machines ; j'entends encore les sonneries et les bips de ces machines, comme dans ces séries médicales télévisées que j'aime tant, mais là, c'était la réalité. Le médecin a demandé à parler à la Maman… c'était moi ! Il a prononcé ces mots de « patiente en fin de vie », de « volonté de ne pas réanimer » et, moi, de ma bouche sont sortis ces mots d'une banalité terrifiante :

« Faites le nécessaire pour qu'elle ne souffre plus, c'est la seule chose qui compte, et oui je suis consciente de son état… »

En fait, l'étais-je vraiment ? Avec beaucoup de douceur et d'humanité cette fois, le médecin urgentiste nous a conduits dans une chambre particulière, plus intime, où ils ont installé Julie avec seulement un masque d'oxygène pour l'aider à respirer, et sa perfusion de morphine pour calmer sa douleur. Il était maintenant plus de minuit, nous étions le 8 février, et nous étions tous autour de ce lit à lui tenir la main, à la caresser et à lui dire tout notre amour pour elle. C'est curieux comme le temps peut devenir totalement irréel dans ce genre de situation, avions-nous envie que cela dure ou que cela finisse ? Je n'ai pas la réponse.

Je regardais les visages de chacun. Yves, mon mari, son père, un peu perdu et en même temps tellement présent. Marie, ma fille, sa sœur, sans doute la plus excitée de nous tous, elle voulait lui parler, lui dire tout ce qu'elle avait sur le cœur. Je me rappelle qu'elle parlait beaucoup, sans doute pour conjurer sa peur et sa peine. Henri, mon fils, son frère, retiré dans un silence, incapable de parler. Laurianne, sa femme, tellement proche et sensible à la douleur d'Henri. Maud, ma nièce, sa cousine, qui avait été tellement proche pendant ces trois années de combat, qui était devenue sa confidente, son âme sœur, celle avec qui elle fumait ses pétards et partageait ses secrets. Damien, son chéri, l'amour de sa vie, qui semblait totalement choqué et perdu, mais tellement tendre avec elle. Nous avions tous conscience de vivre un moment de communion, chacun à notre manière. Puis, Jean-Jacques, mon ami magnétiseur est arrivé car il m'avait demandé de l'appeler quand ce moment arriverait. Il avait aidé Julie pendant ces trois années et sa place était avec nous. Il a parlé à Julie et m'a demandé de lui parler aussi en lui disant qu'il était temps de nous quitter. Il nous a dit à tous de la laisser partir et de la rassurer en lui disant qu'elle pouvait partir en paix sans se faire du souci pour nous.

Alors, le moment magique est arrivé… Julie qui n'avait plus aucune force, plus aucun contact avec nous depuis une heure, a rouvert les yeux, essayant de parler, mais hélas c'était incompréhensible, puis elle a serré pendant un moment la main de chacun d'entre nous, chacun son tour… sa manière sans doute de nous dire adieu, puis elle a pris une grande et longue respiration, et soudain le silence…

Le médecin est arrivé…

« Heure du décès deux heures trente. »

Ma fille Julie était morte ! J'embrassai son front pour lui donner tout mon amour, sans encore réellement réaliser ce qui était en train d'arriver dans ma vie.

L'ANNONCE

Julie

Un jour de juillet 2016 comme les autres, enfin, pas tout à fait car au fond de moi je suis tellement heureuse.

Depuis deux ans, je vis comme dans un rêve avec celui que j'aime, Damien, mon chéri comme je l'appelle toujours. J'ai enfin eu le courage, il y a deux ans, de quitter un homme avec qui je n'étais pas heureuse depuis quinze ans, mais la peur d'être seule m'avait fait accepter cette situation.

J'avais aussi depuis deux ans, enfin, reçu le poste que je méritais et qu'on m'avait promis, celui de directrice de ce nouveau centre ophtalmologique. Bon ! La présence de mon oncle François, un des médecins associés, m'avait sûrement aidée à obtenir ce poste, et je lui en étais très reconnaissante, mais quand même, j'avais la conviction que je méritais ce poste et surtout que j'en étais à la hauteur.

J'avais rendez-vous chez ma gynécologue pour une visite de contrôle, et j'avais bien l'intention de lui parler de notre envie de bébé.

Dès mon arrivée dans son cabinet, j'ai su que quelque chose n'allait pas. Elle m'a regardée d'un air attendri et m'a dit :

« Je n'ai pas une bonne nouvelle, les résultats de vos prélèvements sur votre kyste ovarien sont revenus et vous avez un cancer, il va falloir faire des examens complémentaires car je pense que le cancer primitif a une source sans doute gastrique. »

Là, je ne comprenais plus rien à son discours plutôt technique, je ne pensais qu'à une seule chose, il fallait que j'appelle ma mère pour lui dire. De toute façon, cela ne pouvait pas être bien grave car j'étais en pleine forme, je n'avais mal nulle part et n'étais jamais fatiguée.

« Allô, Maman, c'est Julie, tu sais quoi, en fait j'ai un cancer… truc de dingue ! T'es à la maison ? Je passe te voir. »

Dans la voiture, en allant chez mes parents, je n'avais pas peur, je n'étais pas triste, je pensais seulement à toutes les personnes que j'allais appeler pour leur dire la nouvelle. J'étais seulement inquiète de le dire à Damien, le pauvre, mais pour tous les autres j'avais hâte de les appeler.

Arrivée chez mes parents, je les sens perdus, ils me posent plein de questions auxquelles je n'ai pas les réponses, de toute façon la semaine prochaine j'ai plusieurs examens programmés, donc on verra !

Ma mère me serre fort dans ses bras et me dit qu'on va se battre ensemble… se battre ? Mais contre qui ? Contre quoi ? Tout cela me semble irréel, et pourquoi ensemble ? C'est mon cancer, pas le sien !

Quand ma mère me demande, après avoir appelé ma sœur et mon frère pour les prévenir, ce que je veux faire, la réponse est évidente cette fois :

« On se fait un petit resto ce soir tous ensemble ! »

Isabelle

« Allô, Maman, c'est Julie, truc de dingue, j'ai un cancer… je passe te voir. »

Un simple coup de téléphone et ma vie bascule. Tout d'abord, la surprise, puis la colère, l'injustice, la peur quand on entend le mot cancer, un vrai cocktail d'émotions en quelques secondes.

Je ne peux pas expliquer pourquoi, mais au fond de moi, je ne suis pas tant surprise de cette nouvelle, comme si depuis quelque temps j'avais le sentiment que nos vies étaient trop belles et que cela ne pouvait pas durer toujours.

Depuis déjà huit ans, Yves et moi, nous avions choisi de vivre six mois de l'année en Inde. Lui avait créé un camp de pêche sportive aux îles Lakshadweep, au nord des Maldives, et il vivait là-bas une aventure exceptionnelle. Moi, de mon côté, après avoir ouvert un spa ayurvédique quelques années à Goa, au sud-est de l'Inde, j'avais rencontré un ami indien, professeur de yoga et de méditation, avec lequel j'avais noué une amitié profonde. Ensemble, nous avions démarré, grâce au mélange de nos deux cultures et de nos deux connaissances, une activité de thérapeutes spécialisés dans les énergies et la gestion des émotions. Goa était l'endroit idéal avec son mélange de touristes venus du monde entier pour « se reconnecter avec leur moi intérieur », comme ils disaient !

Nous avions décidé, Yves et moi, de changer nos vies et de partir vivre un peu de rêve, car nos trois enfants étaient élevés, installés professionnellement et affectivement. Nous avions fait le job comme on dit, et on pouvait commencer, à nouveau, à penser un peu à nous.

Julie est arrivée à la maison avec plein de papiers à nous montrer ; elle avait des analyses à faire, des rendez-vous avec des spécialistes, elle ne semblait pas inquiète du tout, au contraire, elle semblait tout excitée d'avoir quelque chose d'important à partager. C'était du Julie « tout craché », elle adorait quand il y avait un événement important et là, en plus, cela la concernait directement, donc pour elle c'était parfait.

Je ne sais pas pourquoi, depuis sa plus tendre enfance, Julie avait toujours eu besoin d'être le centre de l'attention, elle aimait être différente, elle voulait qu'on s'intéresse à elle ; l'appréciation qu'elle avait eue le plus souvent dès la maternelle était toujours : « Julie cherche à se rendre intéressante ».

Pourtant, elle avait reçu de notre part tout l'amour qu'un enfant peut recevoir. Peut-être sa place d'aînée lui avait-elle donné cette perception que pour continuer d'exister, il fallait se faire remarquer !

En tout cas, aujourd'hui, elle se faisait bien remarquer avec cette nouvelle tragique qui venait d'arriver.

Yves et moi étions sous le choc, sans pour autant réaliser pleinement comment nos vies allaient changer, et l'attitude de Julie, en pleine forme, nous empêchait de paniquer.

« T'inquiète, Maman, tranquille, cela ne peut pas être bien grave car je vais tellement bien. J'ai téléphoné à toutes mes amies dans la voiture et elles pensent comme moi que ça va aller. Appelle Marie et Henri pour leur dire, et ce soir, on se fait un petit resto tous ensemble pour en parler, car je sens que vous êtes tous inquiets, mais moi, je te jure, ça va. »

Et voilà comment toute la petite famille s'est retrouvée au restaurant à parler de tout et n'importe quoi, et à rire. Julie était rayonnante à côté de Damien, et je voyais bien son bonheur d'être au centre de l'attention de nous tous.

Aucun de nous ne réalisait le combat dans lequel nous nous lancions, heureusement !

Puis, Julie et Damien sont rentrés chez eux, et nous nous sommes retrouvés avec Henri et Marie, seuls, sur la terrasse de notre maison, par une belle nuit d'été. Alors seulement nous avons commencé à réaliser le drame qui nous touchait ; nous étions tous les quatre assommés, ne sachant plus quoi dire, et chacun a commencé à exprimer ses peurs. Comment expliquer qu'en sa présence nous nous sentions tous rassurés, et que sans elle nos peurs remontaient immédiatement à la surface ? Avait-elle en elle une force et une énergie que cette maladie allait révéler ? Nous allions, hélas, le comprendre rapidement au fil des épreuves à venir. Henri et Marie avaient du mal à partir et à rentrer chez eux, c'est fou ce besoin de rester ensemble, de se sentir unis car sans doute plus forts que lorsqu'on est seul.

Une fois dans mon lit, je compris que cette journée serait à jamais inoubliable, et pourtant dans ma vie, j'en avais vécu des journées qui m'avaient marquée… À quinze ans, j'avais perdu ma mère, morte d'un AVC ; à seize ans, j'avais perdu mon père, mort sur le coup dans un accident de voiture, ou plutôt devrais-je dire mort d'amour ; à trente-deux ans, j'avais perdu ma sœur aînée, morte d'un mélanome, alors à cinquante-sept ans, je ne pouvais pas me résoudre à seulement imaginer que j'allais perdre ma fille, c'était impossible, c'était trop !

Au fond, tous ces êtres chers n'étaient pas vraiment perdus, ils étaient toujours en moi, ils m'avaient construite comme je suis. Pour Julie, je n'allais pas la perdre, mais au contraire la retrouver, car j'avais déjà en moi le sentiment diffus que cette maladie allait nous rapprocher, qu'elle aurait besoin de moi chaque jour. Elle qui était tellement indépendante depuis son adolescence ! Je serai là pour toi ma Julie dans chaque moment, mais bien sûr je n'avais pas conscience que ce combat allait durer trois ans et qu'il finirait si mal…

LA PREMIÈRE CHIMIO

Julie

Ça y est, après plusieurs examens, gastroscopie, PET scan, prises de sang multiples et biopsies, les médecins ont trouvé enfin ce que j'avais vraiment et le diagnostic est tombé : cancer de l'estomac avec des métastases sur les ovaires. Pourtant, je continue de me sentir en pleine forme, jamais fatiguée et totalement confiante dans l'avenir. Mes parents sont venus avec moi pour tous ces examens, et j'ai l'impression d'avoir quinze ans à nouveau et ça m'énerve un peu, mais en même temps j'avoue que c'est cool qu'ils soient avec moi.

Enfin le rendez-vous avec la gastro-entérologue-oncologue et là, le mot qui fait mal :

« On va donc commencer les chimios. »

Lors de ce rendez-vous, elle m'avait expliqué qu'il faudrait m'enlever l'estomac tout entier (je ne savais même pas que c'était possible), mais que l'opération n'était pas envisageable maintenant car il y avait quelques nodules dans le péritoine, mais que quelques petites chimios devraient permettre de les réduire. Petites et chimios, à mon avis, c'est un oxymore, si mes souvenirs de cours de français sont bons !

C'est drôle comme au début tous les médecins sont très sympas et vous présentent la chose comme une simple formalité, ou plutôt comme à une enfant :

« On va vous équiper d'une petite boîte, vous verrez, c'est très pratique, et, pendant trois jours, vous aurez la chimio qui diffusera, sans même vous en rendre compte… enfin, bien sûr, il y aura des effets secondaires, mais c'est très différent selon les personnes, donc ne vous angoissez pas, l'important est de démarrer les chimios au plus vite ! »

En fait, elle me parle de la pose d'un PAC, une chambre implantable vers la clavicule qui permettra les perfusions pour les chimios plus facilement ; cette boîte qui devient un signe de reconnaissance, visible de tous quand on a un léger décolleté. Pour moi, ce PAC, c'était un peu comme une étoile jaune, aux yeux de tous, on fait partie de la communauté des cancéreux ! Bienvenue au club !

Et puis vient le jour de la première chimio. Dans la salle d'attente, je regarde les autres personnes, la plupart sont maigres avec des bonnets sur la tête, le teint jaune. Moi, je suis en pleine forme avec mes longs cheveux bouclés… je me demande ce que je fais là, j'ai l'impression que les médecins se sont trompés. Comme toujours, mes parents ont voulu m'accompagner, c'est gentil mais je trouve cette situation aussi un peu ridicule, surtout ma mère qui n'arrête pas de poser des questions. Comme c'est la première fois, les infirmières n'arrêtent pas de venir me voir dans mon petit box :

« Ça va ? Vous n'avez pas de nausées ? Comment vous sentez-vous ?

— Ben non, tout va bien… je pète la forme ! »

À midi, mon chéri passe me voir et je suis trop contente de lui montrer que je vais super bien.

Quand le plateau-repas arrive, l'infirmière me déconseille de manger en me disant que, de toute façon, je ne dois pas avoir faim… mais si, j'ai super faim mais certainement pas de ce plateau-repas répugnant. J'envoie mon père m'acheter un super burger au Mc Do à côté et je le dévore !

Retour à la maison avec ma boîte qui diffuse la chimio pour trois jours… rien à signaler.

Isabelle

Un beau matin d'été ensoleillé du mois de juillet, et pourtant, Yves et moi nous nous levons le cœur gris. Nous allons accompagner Julie à sa première chimio ce matin. Pour nous, c'est une évidence d'être à ses côtés, mais je sens bien que pour elle c'est un sentiment mitigé entre plaisir et agacement.

En arrivant à l'hôpital, les infirmières l'installent dans un petit box. Comme c'est la première fois, elle a droit à un box individuel, mais on nous précise bien que pour les suivantes, ce sera des box doubles.

De voir ma fille couchée sur ce lit, avec une perfusion plantée dans la poitrine, je commence pour la première fois à penser que je souhaiterais de tout cœur être à sa place… prendre sa place rétablirait une certaine logique. Hélas, la logique n'existe pas dans ce domaine et la seule issue est de commencer à accepter la situation.

Pendant toute la journée, deux émotions s'affrontent sans cesse en moi : si je reste bloquée sur la pensée de « ma fille a un cancer et elle est en train de faire sa chimio », c'est insupportable, mais si j'ouvre les yeux et que je regarde Julie en train de manger son burger qu'Yves est allé lui acheter, alors tout devient normal. C'est en quelque sorte un combat intérieur entre le futur et l'instant présent. Si j'essaie de nous projeter dans le futur, cela devient terriblement angoissant face à une telle maladie, mais quand j'arrive à me concentrer sur l'instant présent, Julie va bien et semble juste inquiète pour son travail, de manquer une journée.

Je profite du moment où Damien vient lui rendre visite pour téléphoner à mon frère, François, il est médecin, et cela me rassure de lui parler, même si, comme il le dit souvent, « moi, c'est les yeux ». Bien sûr, il n'est pas spécialiste en oncologie mais, malgré tout, je ressens sa grande inquiétude face au diagnostic. Il m'a promis de ne jamais me mentir, donc sa parole a beaucoup de valeur pour moi. Il me dit s'être renseigné auprès de plusieurs collègues, et tous sont unanimes, nous devons prendre rendez-vous avec un certain professeur, qui est le numéro un en France pour ce type de cancer. Grâce à François, nous obtenons un rendez-vous pour début septembre, dans un mois et demi, donc après le retour de vacances de Julie qui doit partir avec Damien pour deux semaines en Bretagne chez ma sœur Jacqueline, là où presque toute notre grande famille se réunit tous les étés avec tous les cousins et cousines. Mais avant cela, encore une « petite chimio », comme ils disent, dans deux semaines.

Juste avant de partir de l'hôpital, une infirmière vient nous donner le planning des « réjouissances » ; une petite cure de neuf chimios toutes les deux semaines, cela nous porte jusqu'à Noël, je comprends alors que ma vie va changer et qu'elle va se régler au rythme de ces séances.

Dans la voiture, au retour, en ramenant Julie chez elle, elle va extrêmement bien, aucun signe particulier de nausée, de douleur, pourtant elle a toujours sa perfusion qui diffuse lentement à l'aide d'un boîtier à pompe, qu'elle doit garder nuit et jour pendant trois jours jusqu'à ce qu'une infirmière vienne lui enlever.

Elle est heureuse de voir qu'elle va bien et cela développe en elle ce sentiment de ne pas être comme les autres, je pense qu'à ce moment-là, elle a la conviction profonde qu'elle sera différente et que grâce à son énergie, elle va traverser cette épreuve. Toute la journée, elle a reçu des dizaines de coups de téléphone, de ses amis, de la famille, de ses collègues de travail, et je voyais bien à chaque fois la joie dans ses yeux. Elle était devenue en quelques semaines, le centre d'intérêt de tous ceux qui l'aimaient, et pour elle, c'était une force puissante qui l'aidait à se battre et à ne pas avoir peur.

Elle était fière de dire à tout le monde qu'elle allait parfaitement bien, qu'elle avait mangé un énorme burger, et que personne ne devait s'inquiéter. Toute la journée, je l'avais entendue répondre à la question « comment tu vas ? » par un simple mot : « super ! »

LES VACANCES EN BRETAGNE

LES CHEVEUX ET LE BONNET

Julie

Enfin les vacances ! Départ à cinq heures du matin avec mon chéri pour la Bretagne. Je suis tellement heureuse, là-bas je vais retrouver tous mes cousins ; j'adore ces vacances avec toute la famille, ces apéros et ces soirées où on se retrouve une vingtaine à faire la fête, ces après-midi sur la plage tous ensemble et ces balades à vélo.

Je viens juste de finir ma deuxième chimio et je vais toujours bien, pas d'effets secondaires, peut-être une petite fatigue mais à peine. J'avais réussi à ne presque pas manquer de jours à mon travail, et j'en étais assez fière. Tous les médecins du centre où je travaillais m'avaient félicitée, certains m'avaient même serrée très fort dans leurs bras en me souhaitant de bonnes vacances… l'effet cancer !

C'est dingue comme cette maladie fait flipper tout le monde. Mais, en même temps, j'avoue que ces élans de tendresse et d'amour de la part de tous me font du bien et me donnent de la force et une énergie positive. En fait, quand tu as un cancer les gens qui t'aiment osent te le dire, et ceux qui ne t'aiment pas n'osent plus rien dire, donc tu as l'impression d'être géniale et aimée de tous.

Les vacances étaient magiques… encore mieux que les autres années. Damien était aux petits soins pour moi encore plus que d'habitude, les cousins, oncles et tantes n'avaient d'attention que pour moi. Sur la plage, j'avais droit à un fauteuil et un parasol, chimio oblige, pas de soleil… ma tante m'avait même prêté son vélo électrique pour que je ne me fatigue pas… bref, le vrai bonheur ! Je ne me rappelle pas avoir été autant chouchoutée de toute ma vie, et franchement, après ces deux chimios, je n'étais pas du tout fatiguée, j'avais un appétit de dingue et on me cuisinait tout ce que je préférais, donc c'était royal. J'étais en train de passer les plus belles vacances bretonnes de ma vie. J'étais juste un peu énervée quand j'avais l'impression que quelques fois les autres parlaient de moi et qu'ils se taisaient quand j'arrivais… Mais, après tout, c'était sans doute naturel et je n'en voulais à personne.

Puis, un matin en me réveillant, j'ai passé la main dans mes cheveux car cela me démangeait et, au vu de la poignée de cheveux que j'avais dans les mains, j'ai compris que ça y était, j'étais en train de perdre mes cheveux. On m'avait bien sûr prévenue mais quand même, c'est un peu bizarre. Mes longs cheveux blonds et frisés étaient depuis toujours mon identité. Avant que je ne parte en vacances, ma mère était passée me voir et m'avait apporté plusieurs petits chapeaux qu'elle m'avait achetés « au cas où », comme elle m'avait dit, car de toute façon j'avais prévenu tout le monde que je ne voulais pas porter de perruque. Sur le moment, cela m'avait plutôt agacée ce besoin qu'elle a de toujours anticiper pour moi, mais je les avais malgré tout glissés dans ma valise avant de partir. J'avais bien fait car, en seulement quelques jours, j'ai commencé à avoir de sérieux trous dans ma chevelure, et surtout les démangeaisons devenaient trop fréquentes, donc, un soir, j'ai pris des ciseaux et j'ai coupé toute la longueur, j'ai mis le chapeau et j'ai foncé devant le miroir… bizarre mais pas trop moche. C'était le regard de Damien qui m'importait et il m'a tout de suite rassurée en me disant que c'était super joli.

Le lendemain, à la plage, j'ai débarqué avec le chapeau sur la tête, et là, avalanche de compliments unanimes… je n'avais jamais été aussi belle selon eux. Même si je savais que ce n'était pas vrai, que personne ne le pensait vraiment, ça faisait quand même super plaisir et, du coup, à force de compliments j'en arrivais à me trouver belle moi aussi. Merci les cousins !

Isabelle

Julie est partie en vacances en Bretagne ce matin avec Damien pour deux semaines. J'ai une impression de grand vide, je me rends compte que depuis plusieurs semaines, je ne vis qu'au rythme de Julie et de sa maladie. Yves est en pleine préparation de sa prochaine saison en Inde, et son départ est prévu à l'automne. Moi, de mon côté, j'ai décidé de mettre entre parenthèses ma vie indienne et de rester en France avec Julie pour l'accompagner au mieux ; cela me semble une évidence. Yves est très inquiet de ne pas être à nos côtés, mais nous n'avons pas le choix, il doit assurer sa saison. De plus, Julie ne comprendrait pas qu'il reste en France car elle est intimement persuadée qu'en quelques mois elle sera guérie, et elle avait fortement insisté pour que son père parte normalement en Inde en hiver.

Comme j'avais du temps à la maison, je n'ai pas pu m'empêcher d'aller consulter Internet, tout en sachant que c'était la chose à ne pas faire, mais on ne peut pas résister. Alors on tape sur Google, cancer de l'estomac avec métastases ovariennes, et là, plein de sites nomment cette maladie d'un nom sorti de nulle part « syndrome de Krukenberg », c'est qui celui-là ?

Et là, gros choc, tumeur très rare mais qui touche les jeunes femmes de trente à cinquante ans en général, espérance de vie de trois à six mois ! Alors commence ce terrible conflit entre deux réalités ; l'état de Julie en parfaite santé et rayonnante de bonheur, et cette vérité implacable de notre ami Google ! Pour me rassurer, j'appelle immédiatement Julie, elle est sur la plage, heureuse, tout va bien et elle passe de merveilleuses vacances… J'appelle ensuite François, mon frère médecin, et aussi plusieurs de mes neveux et nièces, Jean-Damien et Gaëlle, eux aussi médecins ; ils me confirment tous la gravité et l'agressivité de ce cancer, et en même temps je sens bien qu'ils cherchent à me protéger. Et si tout le monde se trompait ?

J'appelle aussi mon autre fille, Marie, elle aussi a commis l'erreur d'aller consulter Internet, et je vois qu'elle est en train de vivre le même conflit que moi ; une montagne russe émotionnelle… on pense à Julie qui ne présente aucun signe de la maladie et qui respire la joie, on l'entend nous dire sans cesse :

« T'inquiète, je vais super bien ! »

Et, immédiatement, comme une grande claque dans la figure, on repense à Krukenberg… espérance de vie six mois ! C'est très dur de gérer ces deux émotions contradictoires en même temps.

Les matins sont particulièrement difficiles, l'instant où l'on se réveille et où les mots Julie et cancer viennent nous frapper en plein visage, et puis la journée défile, on essaye de penser à autre chose, et quand par miracle on y arrive, soudain, sans prévenir, ces deux mots reviennent, et on a l'impression de vivre un cauchemar.

J'aurais envie d'appeler Julie au téléphone sans cesse, car quand je lui parle tout redevient normal, mais je connais son caractère et je sais qu'un seul coup de fil par jour lui suffit largement depuis l'annonce de sa maladie. C'est tout de même étrange de penser que c'est moi qui ai besoin d'elle pour me rassurer ! Alors j'appelle Marie ou Henri, mes autres enfants, et nous parlons longuement en essayant de nous apaiser mutuellement. Avec Yves aussi, bien sûr, c'est le principal sujet de nos conversations, même si je sens qu'il a du mal à exprimer des sentiments précis, et nous parlons plus des détails pratiques liés à Julie et à notre manière de l'accompagner, que de ce qu'il ressent profondément.

Les amis aussi sont là, bien présents, pour nous distiller des doses d'amour et de compassion, et cela fait du bien de se sentir épaulés, mais parfois j'ai le sentiment que si tout le monde nous entoure, c'est parce qu'inévitablement chacun pense « et si cela arrivait à mon enfant ? ».

Avec mes meilleures amies, Dominique et Danielle, je ressens une vraie compréhension et une affection sincère. Dominique est aussi la marraine de Julie, et je connais son attachement profond pour elle.

Depuis quelques jours qu'elle est en vacances, c'est Julie qui a pris l'habitude de m'appeler tous les matins, peut-être pour être tranquille le reste de la journée. Elle me dit que tout va « super bien », alors pour quelques instants je vais aussi « super bien ».

Un matin, elle me dit, sans s'inquiéter du tout et sans aucune tristesse dans la voix, qu'elle s'est elle-même coupé les cheveux très courts, et qu'elle a adopté le port du bonnet, mais que franchement c'est pas moche du tout. J'ai même droit à un vrai merci de lui en avoir acheté plusieurs ! Comme quoi les Mamans ont toujours le pouvoir d'anticiper ce qui est bon pour leurs enfants.

En raccrochant, je réalise que lorsqu'elle va rentrer de vacances, je ne verrai plus ses longs cheveux blonds bouclés, et j'ai un vrai pincement au cœur. J'essaye de l'imaginer avec un de ces affreux bonnets de chimio sur la tête, mais je me rassure en me répétant ce qu'elle vient de me dire :

« T'inquiète, Maman, je te jure, c'est vraiment pas moche et en plus tout le monde me dit que ça me va super bien. Et, surtout, je me sens bien, cela ne me gratte plus du tout et puis ça va repousser ! »

Comme toujours, ma Julie, tu sais trouver les mots pour me faire du bien.

J'ai hâte que tu rentres de vacances pour te voir et, en même temps, je ne suis vraiment pas impatiente de recommencer ces cycles de chimios toutes les deux semaines avec toi… encore une fois, deux sentiments bien contradictoires. J'étais en train de comprendre et de réaliser qu'il me fallait apprendre à vivre maintenant avec ce conflit intérieur permanent.

L'HÔPITAL…

Julie

Rentrée de vacances le dimanche soir, et le lundi matin, en route pour une nouvelle chimio. C'est pas la joie ! Je ne suis pas triste, ni inquiète, j'en ai juste déjà marre. Je suis toujours accompagnée de ma mère et c'est rassurant pour moi. Dans la salle d'attente, avec mon chapeau maintenant, je commence à me fondre dans la masse. Chaque chimio devient de plus en plus pénible et les nausées sont bien là, de plus en plus fortes. Je commence même parfois à avoir la nausée quand j'entends la voiture de ma mère venir me chercher pour m'emmener. Ensuite, c'est l'odeur dans sa voiture qui me dérange, puis l'arrivée au centre de chimio et toujours cette même odeur. Je me demande si même le parfum de ma mère, que j'adorais avant, n'est pas en train de devenir détestable car il est associé à mes chimios. Souvent, pendant la chimio, ma cousine Maud vient me voir, quelquefois des amies aussi et ma marraine Dominique. Je suis souvent la seule à avoir des visites, ce qui, je vois bien, dérange les infirmières et le service tout entier car il n'y a même pas de chaises pour les visiteurs, mais ça m'est égal, moi, je suis différente et il faut dire que la moyenne d'âge des autres patients n'a rien à voir avec moi.

Ces visites et la présence de mes parents m'aident à passer ces journées désagréables et, de retour à la maison, mon Damien est là pour m'aider. Je me sens toujours heureuse d'être au centre de l'attention de tous, et franchement, je continue d'aller plutôt bien, mis à part les jours de chimio, mais ma seule peine sincèrement est justement pour Damien ; je suis tellement désolée de lui faire vivre cela, le pauvre !

Grâce à mon oncle François, nous avons pu avoir un rendez-vous avec un professeur réputé pour être le meilleur et spécialiste de ce type de cancer, et le jour du rendez-vous était enfin arrivé. Nous attendions tous cela avec de l'impatience et aussi le sentiment qu'il allait trouver la vraie solution pour moi.

Nous voilà donc, moi, Damien et mes parents dans son bureau et pour la première fois dans cet immense hôpital qui ressemble à une ville tellement c'est immense. On se croirait trente ans en arrière en Union soviétique tant les bâtiments sont vétustes !

Il me confirme qu'il ne peut pas m'opérer pour m'enlever l'estomac en l'état actuel, mais il semble confiant et me propose de pratiquer en alternance avec les chimios, tous les quarante-cinq jours, une chimiothérapie en pulvérisation dans le péritoine, sous anesthésie générale, au bloc, appelée PIPAC. Il est un des grands spécialistes européens de cette technique, et nous repartons avec un nouveau planning de douze chimios et trois pipacs. Après cette série, il fera un bilan et espère sincèrement pouvoir m'opérer. Je me sens rassurée d'être prise en charge par lui, c'est le premier qui me parle de guérison, si on arrive à m'opérer. François nous avait prévenus de la froideur de ces médecins, et il n'avait pas tort, mais je comprends qu'ils doivent se protéger et surtout ne pas être dans l'affect, bien sûr, mais quand même !

Une fois rentrée à la maison, je regarde mon planning… six mois… allez, ce n'est pas si terrible dans une vie, après il y aura l'opération et encore six mois pour se rétablir et je pourrai reprendre le cours de ma vie. Je suis sûre que je vais y arriver, je me sens portée par une telle force grâce à tout cet amour autour de moi. Le soir, je reçois des dizaines de coups de téléphone, mes amis et toute ma grande famille extraordinaire, ils sont tous là, pour moi, alors je ne les décevrai pas et, après tout, je ne vais quand même pas me plaindre !

J'enchaîne donc les chimios toutes les deux semaines, et le rythme commence à m'épuiser. Heureusement, la prochaine c'est une PIPAC et je vais pouvoir souffler un peu côté nausées, car comme cela ne passe pas dans le sang, il n'y a pas d'effets secondaires à proprement parler, juste la fatigue de l'anesthésie générale et la cicatrice sur le ventre pour permettre la pulvérisation. Par contre, il faut rester trois jours à l'hôpital et je déteste vraiment être séparée de Damien, de mon chat et de ma maison.

L'intervention se passe très bien, et le soir même, je n'ai qu'une envie, rentrer chez moi, d'ailleurs je pète la forme.

Cette chambre d'hôpital est tragique, une chambre double avec une vieille dame ; pour le moral, c'est pas génial ! Le lendemain matin, j'insiste tellement que je réussis à arracher ma sortie ; ouf ! Ma mère vient me chercher et me ramène chez moi, mais les médecins me disent que c'est exceptionnel et que je récupère vraiment de façon extraordinaire.

Encore une fois, je suis extraordinaire… si même les médecins le disent, je vais finir par le croire. On ne m'avait jamais dit cela avant, et j'étais sans doute une personne bien ordinaire au contraire, mais bon, même si cela flattait mon ego et me donnait une vraie force, j'avais quand même bien envie de redevenir ordinaire !!!

Isabelle

Aujourd'hui, j'éprouve une vraie tristesse, c'est la première fois que je laisse Julie toute seule dans sa chambre d'hôpital pour la nuit. Demain matin, elle va avoir sa première PIPAC, cette fameuse chimiothérapie intrapéritonéale sous anesthésie générale qui pourtant est porteuse d'espoir, car adaptée à son cancer. J'ai attendu que Damien arrive pour partir, mais en quittant cet hôpital, j'ai l'impression d'abandonner mon enfant, sans doute aussi la peur de cette intervention. Comment va-t-elle réagir ? Les résultats seront-ils positifs ? Aurons-nous enfin une petite bonne nouvelle ?

Yves est reparti en Inde depuis quelques jours car il doit absolument assurer sa saison, j'imagine comme cela a été difficile pour lui de partir et de nous laisser. Dès qu'il le peut, il m'appelle pour prendre des nouvelles et je ressens son inquiétude et sa peine, mais moi, du coup, je me sens seule quelquefois, même si ma famille, mes enfants et mes amis sont toujours là pour me demander des nouvelles. Souvent, je ne sais pas quoi leur dire.

Cet hôpital est vraiment vétuste et les couloirs sont interminables et totalement jaunis. Ce service n'a pas encore été rénové et, franchement, il en aurait bien besoin. Mais Julie n'est pas à l'hôtel pour des vacances et les meilleurs chirurgiens sont là, alors on fait abstraction du décor, mais cela n'aide pas à être optimiste. Après une nuit un peu agitée, je fonce à l'hôpital vers midi et, quand j'arrive, Julie vient juste de remonter du bloc et elle m'accueille avec un immense sourire :

« C'est génial, Maman, j'adore les pipacs. Je me sens trop bien, aucune nausée, j'ai presque déjà faim. »

Je suis heureuse, tout s'est bien passé, et encore une fois c'est Julie qui me remonte le moral. Quand je la vois ainsi, toutes mes peurs et toute ma tristesse s'évaporent en quelques secondes et on recommence à discuter de tout et de rien et à rigoler ensemble.

Deux heures à peine après être remontée du bloc, Julie commence à me dire qu'elle veut rentrer chez elle et qu'il est hors de question de rester deux jours entiers encore, comme le veut la procédure. Je reste tout l'après-midi avec elle dans l'espoir de voir un médecin pour lui soutirer quelques informations, mais hélas personne n'est passé nous voir. J'allais apprendre que, dans ce service, les infirmières ne doivent pas communiquer des informations aux patients et que les médecins eux-mêmes hésitent à en donner, sans doute parce qu'ils n'ont pas non plus toutes les réponses. En fait, il y a seulement une réunion collégiale avec tous les médecins tous les quatre ou cinq mois, qui étudient l'évolution de la maladie et qui adaptent le protocole. J'allais aussi comprendre que tous ces médecins étaient là pour soigner le cancer de Julie, mais sans doute pas Julie en tant que personne. Et pour moi cela allait être une grande frustration. Heureusement, mon neveu, Jean-Damien, médecin hospitalier, pouvait avoir accès au dossier de Julie, et il me communiquait toujours les résultats des examens, biopsies, etc. Cela me réconfortait d'avoir ces informations, même si leur interprétation nous dépassait tous. Alors, au fond, les médecins n'avaient-ils pas raison de ne rien communiquer ? Accompagner son enfant dans une telle maladie, c'est un peu comme se retrouver seule dans un tunnel sombre, sans jamais apercevoir la sortie. Heureusement, Julie était là, et dès que j'étais avec elle ou que je lui parlais au téléphone, je n'étais plus inquiète… elle allait toujours bien et me communiquait son énergie si positive. Toujours en demande d'aller se faire ensemble « un petit resto », comme elle dit. C'est sûr, elle allait s'en sortir, il me semblait impossible qu'une telle force de vivre n'arrive pas à vaincre cette maladie. Quand nous étions ensemble, elle n'aimait pas du tout que nous parlions de sa maladie, elle voulait toujours parler de sujets gais et légers, comme la famille, ce qu'elle avait vu à la télé, son travail, ses sorties avec Damien et ses amis, ses projets de voyages ou ses projets de travaux dans sa maison, car oui, elle avait tellement de projets en tête qu'il était impossible d'imaginer qu'elle ne puisse pas tous les réaliser.

Grâce à sa persévérance auprès du personnel médical, Julie m'a appelée le matin pour me dire :

« Viens vite, Maman, c'est bon, je peux sortir, j'ai négocié grave et ils me laissent partir, je suis trop contente et tu sais, je vais hyper bien. »

Moi aussi j'étais heureuse de pouvoir enlever ma fille de cet hôpital et de cette chambre sinistre… jusqu'à la prochaine fois… dans quarante-cinq jours pour une nouvelle PIPAC !

NOTRE FAMILLE EXTRAORDINAIRE

Julie

Nous étions une famille de dingue ! J'avais une dizaine d'oncles et tantes, une vingtaine de cousins et petits cousins, et mes deux petites-nièces Romy et Margot, les filles de ma sœur, que j'adorais. Certains vivaient en France, d'autres à Londres, d'autres à New York, une tante en Inde, mais quoi qu'il arrive, nous étions unis. Du côté de ma mère, je pense que la disparation de leurs parents, très jeunes, avait soudé les frères et sœurs ; et du côté de mon père, j'avais des cousins et cousines avec qui nous avions été à l'école ensemble, donc on était presque comme des frères et sœurs. Et puis, bien sûr, il y avait mes parents et ma sœur et mon frère, toujours présents et unis autour de moi.

J'avais toujours entendu dire que mon grand-père, que je n'avais pas connu, ma mère avait seize ans seulement quand il est mort, avait laissé une belle somme d'argent pour que nous partions pendant plusieurs années tous en vacances ensemble. Cela avait généré des souvenirs formidables entre nous et, aux yeux de beaucoup de monde, nous étions une famille extraordinaire, et j'étais bien d'accord.

L'annonce de ma maladie avait créé une onde de choc au sein de la famille, et chaque jour je recevais des messages de l'un ou de l'autre, des coups de téléphone, des invitations à dîner. Alors, pour être dans l'air du temps, j'ai créé un groupe famille sur WhatsApp, je sais ce n'est pas très original à notre époque, mais celui-ci avait un sens ; d'abord, c'est moi qui l'avais créé, et puis surtout il allait m'aider à traverser toutes les épreuves, en me sentant épaulée. La plupart des messages étaient très drôles et chacun y allait de sa petite blague, on partageait aussi nos souvenirs et, à chaque chimio, à chaque PIPAC à l'hôpital, j'avais droit le matin à tous ces messages remplis d'amour et de cœurs. Cela peut paraître idiot et futile, mais croyez-moi, cela vous porte incroyablement. J'avoue que j'étais assez fière d'être à l'initiative de ce lien et au centre de beaucoup des messages. Je pense que cette fierté, ce sentiment d'être admirée de tous, me donnait un courage et une volonté de dingue. Je ne pouvais pas les décevoir !

C'est important de ne pas se sentir seule dans ces moments-là, et même pour Damien, tous ces messages étaient d'une grande aide car il avait l'impression de ne pas être tout seul pour m'aider. Je recevais cette aide comme un geste d'amour de la part de tous, d'ailleurs il n'y a qu'une simple petite lettre de différence entre aider et aimer.

La suite logique à ce groupe famille a donc été aussi de lancer la mode des « cousinades ». Chez nous, ce n'était pas l'image d'un grand repas de famille avec une belle nappe blanche, mais plutôt une super fête un peu déjantée où la probabilité qu'un des cousins finisse par nous montrer ses fesses était plus que réelle. On chantait sur des chansons de Coldplay, on dansait, on buvait, on mangeait, mais avec tellement d'amour… et cet amour était pour moi. C'est une sensation incroyable de ressentir l'amour et l'admiration de tous les autres autour de moi. Plusieurs fois, j'ai même eu droit à une petite chanson écrite pour moi, par ma cousine Géraldine, qui a un vrai don pour ça. Entendre toute la famille, presque cinquante personnes, vous chanter des mots qui vous vont droit au cœur, cela vous donne une énergie formidable pour continuer de se battre, et il est vrai qu'au rythme où j'enchaînais les chimios, j'en avais bien besoin.

Je sais aussi que pour mes parents, ma sœur et mon frère, ces cousinades étaient d'un grand réconfort car ils se sentaient eux aussi soutenus par toute cette famille et je pense qu'ils en avaient bien besoin.

C'est lors d'une de ces fêtes que j'ai même réussi à enlever mon chapeau et à affronter le regard de tous avec des tout petits cheveux courts qui commençaient à repousser. Eh oui, les médecins ayant changé les produits de mes chimios, le nouveau protocole ne faisait plus tomber les cheveux, mais par contre bonjour les nausées ! Bon, il faut voir le bon côté des choses, moi qui avais toujours dû me battre contre dix kilos de trop, là, j'étais superbe… j'avais enfin le poids dont j'avais toujours rêvé, les cheveux courts qui repoussaient, l'amour inconditionnel de mon chéri et de toute ma famille, l'admiration de tous à mon boulot et avec mes amis… que peut-on rêver de plus ? Peut-être de guérir vraiment ?

Isabelle

Julie avait eu l'idée de créer un groupe famille sur WhatsApp. Depuis, les messages n'arrêtaient pas et j'adorais recevoir des messages de toute la famille, parfois drôles, parfois émouvants, mais toujours réconfortants. J'étais consciente aussi de ce besoin qu'avait Julie maintenant de se placer au centre des préoccupations de tous, cela lui donnait du courage et de la volonté dans son combat, et moi, cela me rassurait de savoir que toute la famille était avec nous. Pour moi, mon frère et mes sœurs avaient toujours été présents après la disparition de nos parents, j'étais la petite dernière et j'avais toujours ressenti une forme de protection de leur part.

Mon frère François et ma sœur Jacqueline habitaient près de chez moi, et ma sœur Anne-Marie vivait en Inde depuis plus de vingt ans, mais la distance ne changeait rien et je ressentais la même compassion de la part de tous. Nous avions toujours été très proches, mais je réalisais que la maladie de Julie allait encore nous souder un peu plus, et ce n'était pas pour me déplaire.

Nous recevions cet amour de toute la famille, et parfois je m'interrogeais pour savoir si c'était de la sympathie ou de la pitié, mais qu'importe, cela nous soutenait et maintenait en nous une forme d'espoir.

Puis, il y a eu les cousinades, ces fêtes qui réunissaient toute la famille, et quand j'ai vu que même mes neveux et nièces de Londres et de New York avaient fait le voyage pour une seule journée, j'ai compris alors que cet amour de notre famille pour Julie était sans faille.

J'adorais ces fêtes et on s'amusait vraiment ; je ne me rappelle pas exactement qui a eu l'idée de lancer ces cousinades pour soutenir Julie, mais quoi qu'il en soit, c'était vraiment une idée formidable.

Voir Julie chanter, danser, s'amuser toute la journée, c'était pour moi et je pense pour nous tous, une façon de conjurer le sort et de nous donner un réel espoir, car quand on la voyait si pleine de vie et de joie, il était impossible d'imaginer le pire. Alors, pour moi, durant une journée entière, j'oubliais Krukenberg et ses prévisions morbides et je sentais que tous ensemble nous étions capables de défier et de déjouer tous les pronostics.

Mon frère, François, qui était médecin et qui avait donc pleinement conscience de l'agressivité de ce cancer me disait souvent lors de ces journées où l'on voyait Julie en pleine forme :

« S'il n'y en a qu'une qui s'en sort, ce sera Julie. »

Cette phrase me redonnait confiance et courage et j'étais bien d'accord avec lui.

Je prenais conscience à chacune de ces cousinades combien la famille était pour moi une valeur essentielle, et combien cette famille était incroyable. Aucune jalousie n'était jamais venue gâcher notre union, et je pense que cette solidité de nos liens venait bien sûr de la perte de nos deux parents quand nous étions jeunes. Cela avait créé entre nous un attachement que rien ne pouvait briser mais qu'au contraire les épreuves renforçaient. La disparition en 1992 de notre sœur aînée avait été encore une fois une occasion de resserrer ces liens.

Nous avions tous réussi à transmettre à nos enfants respectifs cet amour de la famille, et c'était un vrai bonheur de voir comment tous les cousins et cousines étaient proches. Je pense que nos parents doivent être fiers de nous là-haut, car c'était pour eux une valeur primordiale.

76 CHIMIOS… 15 PIPACS

Julie

Chaque fois que je descendais au bloc pour une nouvelle PIPAC, les internes semblaient toujours surpris de me revoir, et je n'allais pas tarder à devenir la « recordwoman » du nombre de pipacs en France car, en deux ans, j'allais en enchaîner quinze ; drôle de record, mais record quand même. Je les supportais toujours très bien, et je préférais ces pipacs aux chimios classiques, car celles-ci devenaient de plus en plus difficiles à endurer. Tous les six mois, on me changeait de protocole, mais les effets secondaires étaient toujours les mêmes ou presque, et les nausées duraient de plus en plus longtemps, ce qui ne me laissait plus de temps pour récupérer entre deux traitements.

J'étais fatiguée mais toujours aussi heureuse dans ma vie et j'étais persuadée de vaincre cette maladie, c'était une certitude chez moi, et plus les mois passaient, plus mon entourage était admiratif de mon combat et de ma positivité. Cela me nourrissait puisque dorénavant j'avais du mal à me nourrir au quotidien. J'appréciais toujours d'aller faire un petit restaurant avec des amis, ma mère ou mon chéri, et dès que je pouvais, je n'hésitais pas une seconde.

C'est étrange comme dès que les effets d'une chimio se dissipaient, je retrouvais l'appétit et la soif de vivre à cent pour cent. Dans la mesure du possible, j'essayais de continuer mon travail au centre ophtalmologique dont je m'occupais. Je travaillais beaucoup de la maison et j'étais toujours heureuse une ou deux fois par semaine d'aller sur place car, pour un moment, j'avais le sentiment que rien n'avait changé dans ma vie. Les médecins du centre étaient adorables avec moi et ils m'avaient aménagé un emploi du temps particulier, car ils comprenaient mon envie et mon besoin de continuer à travailler. C'était primordial pour moi, et je suis même venue une fois travailler avec ma pompe de chimio pour remplacer une secrétaire malade. Tout le monde me disait que j'étais incroyable, mais moi je ne me sentais pas malade, donc cela me semblait normal de venir travailler. Au fond de moi, j'avoue, j'étais tellement heureuse de susciter l'admiration de tous que cela me motivait pour continuer de me battre.

Si on m'avait dit au début que j'allais faire plus de soixante-dix chimios, j'aurais éclaté de rire et je ne l'aurais pas cru, mais une fois installée dans cette maladie, on ne devient plus maître de son protocole et je gardais une confiance totale dans mes médecins, même si parfois je souffrais de leur froideur et de leur manque de communication envers nous. On ne me communiquait jamais aucun résultat, ni aucune nouvelle… Tous les six mois, il y avait une réunion de plusieurs médecins qui décidaient du traitement suivant, mais toujours pas d'opération programmée ; selon eux, il fallait attendre et continuer le traitement ! Facile à dire !! Heureusement que j'avais toujours des informations grâce à mon cousin Jean-Damien, qui avait accès à mon dossier, mais nous avions tous du mal à comprendre l'évolution de ma maladie. Pourquoi ne communique-t-on rien au patient ? Sans doute parce qu'ils ne veulent pas donner de mauvaises nouvelles pour ne pas nous démotiver, et qu'ils ne veulent pas non plus donner des bonnes nouvelles, quand il y en a, pour ne pas donner de faux espoirs…

Les mois passaient et je crois bien pouvoir dire que, malgré ces traitements lourds, ces séjours à l'hôpital tous les quarante-cinq jours, ces nausées, cette fatigue quelquefois, je n'avais jamais été aussi heureuse de toute ma vie. L'attention de tout le monde autour de moi ne faiblissait pas, bien au contraire, et je ressentais aussi un profond changement dans mon caractère. J'étais heureuse, j'étais extraordinaire dans les yeux de tous ceux qui m'aimaient, et cela me rendait plus douce. J'avais aussi, grâce à tout cet amour autour de moi, pris conscience de la force que je pouvais dégager et je me sentais invincible, prête à tout. J'avais hâte d'arrêter ces traitements et d'être guérie, j'y croyais et j'étais prête à vivre une vie où chaque jour serait plus beau que le précédent.

Comme j'avais beaucoup de temps à la maison pour me reposer, j'appréciais aussi les visites presque quotidiennes de Maud, ma « couz », comme j'aimais l'appeler ; elle habitait près de chez moi et passait souvent me voir en fin d'après-midi quand elle avait fini ses cours de yoga. C'était une excellente professeure de yoga et elle essayait toujours de me convaincre de pratiquer, en me démontrant que cela m'aiderait dans mon quotidien pour gérer au mieux mes émotions. Mais, franchement, quand j'étais avec elle, je préférais boire un petit mojito ou fumer une petite clope ou un pétard ensemble et surtout rigoler, plutôt que de faire du yoga ! J'adorais ces moments avec elle à parler de tout et de rien, elle avait compris que je n'aimais pas parler de la maladie et de tout ce qui va avec, alors on discutait de tout autre chose, on se rappelait des souvenirs d'enfance, on parlait de la famille, on se confiait tous nos petits secrets et c'était bien ! La maladie m'avait permis de la retrouver et d'avoir ensemble une complicité plus forte que d'ordinaire.

On me proposait souvent plein de petits traitements alternatifs, du curcuma, des gélules « magiques », du citron, des noyaux d'abricots… chacun y allait de la dernière nouveauté qu'il avait lue dans un magazine ou entendue à la télévision, mais franchement cela ne m'intéressait pas. On me parlait de confort, et pour moi le confort c'était justement de ne plus penser que j'étais malade et que j'avais besoin de tout ça. De toute façon, j'arrivais très bien à gérer et je préférais qu'on me parle d'autre chose. Pour moi, le meilleur médicament c'était une sortie entre copains, une soirée en amoureux avec Damien, un petit restaurant avec ma famille, une bonne andouillette, des week-ends au ski ou à la mer, des vacances en famille, des moments avec mes nièces… Ma mère m'avait tout de même emmenée voir un médecin homéopathe réputé qui, lui, prenait le temps de m'écouter et de me comprendre, et cela me donnait une pleine confiance dans ma guérison. Son optimisme était communicatif car lui-même avait guéri d'un cancer très agressif, et ses médicaments me boostaient autant que sa gentillesse.

J'allais aussi chaque semaine voir Jean-Jacques, un ami très proche de ma mère qui était magnétiseur. Ces séances calmaient mes douleurs et surtout j'appréciais nos discussions car, avec lui, je me sentais toujours comprise car nous étions très proches, je le connaissais depuis l'enfance.

J'adorais quand certains samedis soir, ma sœur Marie me demandait de garder ses enfants à coucher. Avec l'aide de Damien, on préparait les chambres de Romy et Margot qui arrivaient pour la soirée. Au programme, dessins animés, jeux et des pâtes au jambon ; c'était cela mon vrai bonheur et ma force, prouver aux autres que je n'étais pas malade m'aidait à me prouver à moi-même que je ne l'étais pas.

Avec Damien, nous avions acheté notre maison il y a quelques années et je m'y sentais si bien. Quand Romy et Margot dormaient chez nous, j'étais heureuse, pour une nuit, de remplir ces chambres vides de la maison ; ces chambres prévues pour des enfants que nous n'aurions jamais car, au cours d'une PIPAC, on m'avait enlevé les deux ovaires. Cela ne m'avait pas traumatisée et, avec Damien, nous avions alors parlé d'adoption quand je serais guérie, mais encore une fois, les médecins m'avaient annoncé cette ablation sans aucune information, sans aucun ménagement, pour eux, l'important, « c'était de continuer les traitements ».

Pour son anniversaire, j'aimais emmener Romy faire une journée shopping toutes les deux, et pour quelques heures j'oubliais complètement la maladie car, bien sûr, elle ne me parlait jamais de mes problèmes, au contraire, avec ses mots d'enfant, tout devenait léger et naturel. C'étaient des moments de pur bonheur que j'appréciais pleinement.

Pendant ces longs mois, je recevais aussi souvent des appels vidéo de mon père qui était en Inde pour sa saison. Il était toujours inquiet pour moi, mais je le rassurais, j'étais heureuse, tout allait bien et j'avais hâte de son retour. Ma mère, elle, était omniprésente à mes côtés, elle m'accompagnait à chaque chimio, à chaque PIPAC, elle passait ses journées à côté de mon lit, et mon sentiment était partagé entre la reconnaissance et l'envie aussi de la protéger de tout cela. J'avais toujours été très indépendante vis-à-vis de mes parents, et cette dépendance maintenant me dérangeait car elle m'obligeait à me sentir à nouveau une enfant avec sa Maman, et j'étais une femme de trente-six ans !

J'en avais tellement marre de toujours dire à tout le monde que j'allais encore à une énième chimio que j'avais pris l'habitude de dire que j'allais à Disneyland voir Mickey plutôt qu'à l'hôpital car je crois bien que même prononcer le mot chimio me donnait la nausée… Cela amusait tout le monde et moi, c'était ma manière de mettre un peu de légèreté et d'humour dans cette situation pesante. Mon père m'avait même offert un tee-shirt de Mickey que j'aimais porter pour aller faire mes chimios, et toute la famille se déchirait sur le groupe WhatsApp avec des messages à Mickey de plus en plus drôles. C'était toujours pour moi un vrai plaisir de voir que tout le monde me suivait dans mes délires, personne ne me jugeait et, au contraire, je ressentais un vrai support de la part de tous. J'avais le sentiment d'être toujours à l'initiative de tout et, pour la première fois de ma vie, c'était moi qui donnais le rythme, moi qu'on écoutait, moi qu'on suivait, moi qu'on aimait. Mickey était quand même nettement plus fun que Krukenberg !

J'avais appris à vivre au rythme de tous mes traitements, et tout était parfaitement organisé. Toutes les deux semaines, le lundi, j'allais à une chimio et tous les quarante-cinq jours, c'était une PIPAC à l'hôpital pour deux jours. Au milieu de tout cela, il y avait ma vie et pour moi c'était quand même le plus important ; la vie à deux avec Damien, mes amis, ma famille, mon travail que j'aimais toujours autant, mes sorties, mes voyages, c'était ça le principal, ce qui me donnait la force et l'envie de vivre.

Soixante-seize chimios, quinze pipacs… deux ans de ma vie… une vie tellement intense, tellement entourée de l'amour de tous… non seulement les gens vous aiment mais en plus ils vous le disent et ça c'est formidable !

Isabelle

Je n'avais jamais envisagé, au début, que Julie puisse faire un nombre de chimios aussi élevé, c'était lunaire pour moi et souvent j'avais l'impression d'être la seule à les comptabiliser. Pour les médecins, cela semblait parfaitement naturel et la phrase qui me mettait toujours hors de moi, c'était : « l'important c'est de continuer les chimios ! »

Ils s'en foutent de savoir ou pas si ma fille ne les supporte plus, ils s'en foutent quand j'essaye de leur dire qu'il nous semble que les pipacs lui conviennent mieux, et ils ne me répondent jamais quand j'essaye de leur arracher une date d'opération ou tout simplement leur sentiment sur l'évolution de la maladie. Je crois qu'ils sont tous un peu étonnés car eux, mieux que nous, connaissent bien Krukenberg et ses fameux six mois maximum, donc, comme ils sont perplexes, ils ne savent plus quoi dire et un grand professeur n'osera jamais vous dire qu'il ne maîtrise pas la situation et qu'il ne comprend pas comment elle va encore si bien. Alors, il préfère se murer dans un silence et retenir toutes les informations. Mais, pour moi en tout cas, c'est très difficile, même si bien sûr je sais que c'est grâce à eux et à leur travail que Julie fait un doigt d'honneur à Krukenberg en étant toujours là, vivante et heureuse.

Alors, les semaines, puis les mois passent et le simple fait d'être toujours concentrée sur le même sujet et de ne penser qu'à Julie modifie mon rapport au temps… je ne sais plus si le temps passe vite ou lentement ? J'ai toujours au fond de moi cette envie de prendre sa place, c'est moi qui devrais être malade, et elle, elle devrait profiter de sa vie. Mais, au fond, je crois bien qu'elle profite déjà pleinement de chaque jour de sa vie en ce moment. Quand elle avait sa pompe de chimiothérapie pour trois jours sur elle et qu'elle voulait à tout prix continuer de vivre normalement, elle aimait prendre sa voiture et aller travailler ou faire des courses et quand je lui proposais de la conduire car je ne voulais pas qu'elle conduise avec sa boîte, elle me répondait toujours un peu sèchement :

« C'est bon, je ne suis pas malade quand même, je peux conduire ! »

Ce à quoi je me répondais intérieurement : « Ben si, quand même un petit peu ! »

Yves est absent pendant cinq mois, de novembre à avril, puisqu'il est en Inde et, quand il rentre en France, je suis soulagée de pouvoir partager mes angoisses et nous sommes désormais deux à accompagner Julie dans tous ces allers-retours à l'hôpital. Il me propose toujours quand il est là d'y aller seul pour me laisser un peu de temps à moi, mais je n'y arrive pas, pour moi c'est une évidence de continuer de tout partager avec Julie. Et puis, comme toujours, les moments où je suis avec elle sont toujours beaucoup plus gais et apaisants que les moments où je suis seule car elle continue de nous communiquer sa force et son amour de la vie. C'est toujours elle mon plus grand réconfort, et bien sûr aussi les très longues conversations presque quotidiennes avec mon autre fille, Marie, avec qui nous essayons mutuellement de nous rassurer et de nous donner du courage.

Au milieu de tout cela, il y a aussi le mariage de mon fils Henri et de Laurianne, que nous organisons du mieux que nous pouvons, et cela fait du bien de temps en temps de penser à autre chose. Une grande et belle fête en prévision qui nous oblige à penser que la vie continue et ne se résume pas à cette maladie. C'est toujours difficile pour des parents, quand un de nos enfants est en difficulté, de ne pas négliger les autres, et j'essayais toujours de garder mon cœur ouvert et un peu de temps pour Marie, Henri et mes deux petites-filles, Romy et Margot.

Quand nous passons un long moment ensemble avec Julie et qu'elle commence à se confier, elle me dit souvent : « Maman, je n'ose le dire qu'à toi car on va me prendre pour une dingue, mais je te jure, je n'ai jamais été aussi heureuse de toute ma vie. »

Une telle phrase, bien évidemment, me permettait de trouver toute la force nécessaire pour continuer à l'accompagner chaque jour, sans trop de colère face à ce qui peut paraître comme une injustice, mais qui au fond n'est rien d'autre qu'un terrible accident de la vie.

Ce qui est le plus difficile, ce sont ces montagnes russes de mes émotions qui sont éprouvantes car je passe par des moments de peur, d'angoisse, de colère, de fatigue, mais aussi d'optimisme incroyable et de fierté de voir Julie aussi forte. Alors, pour me rassurer, je me dis que seule importe la réalité du présent, et chaque jour ma fille me prouve qu'elle est heureuse, qu'elle ne lâche rien et qu'elle est convaincue de guérir. Alors, je me dis qu'en effet elle est extraordinaire et qu'elle va s'en sortir, même si cela déjoue tous les pronostics des médecins. Une telle force, une telle positivité, un tel amour de la vie ne peuvent pas rester sans réponse.

Ainsi, grâce aux sourires de Julie, grâce à ses « t'inquiète Maman », grâce à ses « tranquille, tout va bien ! », j'ai réussi à ne jamais craquer pendant ces deux années, et à être toujours auprès d'elle pendant ces soixante-seize chimios et ces quinze pipacs.

LE VOYAGE EN INDE

Julie

Comme ma mère ne partait plus en Inde puisqu'elle avait décidé de rester avec moi pour m'accompagner, nous avions tous eu l'idée de prévoir un voyage là-bas. Ma mère allait partir un peu avant nous pour tout organiser, vu qu'elle avait plein d'amis sur place. J'avais très envie de montrer à Damien ce pays où j'avais déjà passé pas mal de vacances. Ma tante Anne-Marie, qui avait une agence de voyages à Delhi, nous avait concocté un super programme pour une petite semaine dans le Nord ; et, la deuxième semaine, nous avions prévu de rejoindre Maman à Goa où elle nous attendrait. J'avais réussi à négocier une semaine de pause dans mes chimios et donc je pouvais partir deux semaines ! Henri et Laurianne avaient tout de suite sauté sur l'occasion pour nous accompagner. Hélas, Marie ne pouvait pas venir car elle devait s'occuper de ses filles, et Antoine, son compagnon, ne lui avait pas proposé de les garder. Dommage, car j'avoue que j'aurais été très heureuse de faire ce voyage avec Damien et mon frère et ma sœur ! Une prochaine fois ! Ma mère était « au taquet » pour tout organiser, elle adorait cela et je sentais qu'elle était tellement heureuse d'y retourner et de nous y retrouver, cela faisait plaisir à voir et, en plus, cela nous donnait à toutes les deux un nouveau sujet de conversation pendant les longues journées à l'hôpital.

Assise dans l'avion, le jour du départ, j'étais aux anges, plus question de médecins, d'hôpital, mais à nous les palais de maharadjahs, les poulets tandoori et les couchers de soleil. Je me rendais bien compte que je n'étais plus tout à fait la même depuis mon cancer, car maintenant les moments de bonheur avaient une saveur décuplée, j'appréciais chaque seconde et je réalisais que cette maladie m'aidait tout simplement à vivre au présent et à profiter de l'instant. Le précepte bouddhiste « ici et maintenant » prenait tout son sens dans ma vie.

Je me sentais tellement heureuse de partager ce voyage avec mon chéri, mon petit frère que j'adore, et Laurianne ; on s'entendait tous super bien. La première semaine est passée comme un éclair, une journée à Delhi chez Anne-Marie qui nous a reçus comme des princes, Jaipur, Agra et le Taj Mahal, Bénarès où nous avons tous déposé nos offrandes au bord du Gange… facile de se douter quelle était à tous notre prière !

Puis, nous sommes arrivés à Goa où Maman nous attendait à l'aéroport, elle était « refaite ». Elle avait loué une petite maison avec piscine à quelques mètres de la plage. Cette semaine fut un enchantement entre baignades au soleil, balades en scooter, massages, crevettes grillées et mojitos ! Mais plus que tout, chacun avait compris qu'il ne fallait pas prononcer un seul mot sur ma maladie ou mon état de santé, ce voyage était une vraie parenthèse miraculeuse et je ne voulais pas qu'un seul mot puisse la gâcher.

Même quand je sentais une petite nausée arriver, je me forçais à regarder autour de moi, sans rien dire à personne, et elle disparaissait aussitôt, alors je prenais conscience de la puissance de mon mental et cette force était une arme que j'utilisais pour continuer de me battre et, surtout, pour garder en moi cette conviction profonde que j'allais vaincre la maladie.

Ces deux semaines étaient passées tellement vite que je me suis retrouvée dans l'avion du retour sans même comprendre ce qui m'arrivait. Nous étions dimanche et je savais que demain, lundi, il faudrait retourner à l'hôpital pour une énième chimio. Deux solutions s'offraient à moi, soit je me lamentais sur moi-même en pensant au lendemain et je perdais tout le bénéfice de ces deux semaines enchantées, soit au contraire je les utilisais comme une source d'énergie pour affronter ces journées difficiles, et ainsi les moments de bonheur prenaient tout leur sens. Sans hésiter, j'ai opté pour la deuxième solution et je me suis endormie sur l'épaule réconfortante de Damien pour le reste du vol.

Isabelle

Quand Julie et Henri ont commencé à me parler de leur envie d'un voyage en Inde, j'étais inquiète et heureuse à la fois ; inquiète pour Julie de savoir si ce n'était pas trop fatigant pour elle, mais heureuse d'envisager ce voyage et ces moments ensemble là-bas. Il fallait dans un premier temps caler les dates avec les médecins, entre deux chimios et, pour une fois, nous ne leur avons pas vraiment laissé le choix car, au départ, ils n'étaient pas « chauds » d'espacer deux chimios de trois semaines au lieu de deux semaines… Pour nous, cette petite semaine allait avoir tellement d'importance que nous avons décidé pour eux ! D'ailleurs, je ne sais pas si ce petit changement d'une semaine les inquiétait pour la maladie de Julie, ou alors plus vraisemblablement cela les dérangeait de modifier leur planning préétabli !!!!

Je me suis donc lancée à fond dans l'organisation de ce voyage, et jamais préparer un voyage ne m'avait apporté autant d'excitation. Je suis partie une semaine avant eux pour tout préparer à Goa. J'avais loué une superbe maison avec piscine juste à côté de la plage, j'avais réservé les scooters pour tout le monde, tout était prêt et enfin je me suis retrouvée devant l'aéroport à les attendre. Mon cœur battait si fort et j'étais tellement impatiente, j'avais l'impression que nous allions voler ces jours de bonheur à la maladie, je voulais que tout soit parfait car j'avais envie d'offrir à Julie une semaine de pur plaisir. Je savais qu'il me faudrait faire un effort pour ne pas lui demander comment elle se sentait, et si elle n'était pas fatiguée, car elle avait besoin d'une vraie pause et, pour quelques jours, de ne plus penser du tout à ce foutu cancer.

Quand, enfin, ils sont arrivés, j'ai serré Julie en premier dans mes bras, elle était magnifique, toute bronzée déjà de ces quelques jours au Rajasthan, ses cheveux courts lui allaient à merveille... elle était radieuse. Comment à cet instant ne pas penser que guérir était une évidence ?

Nous avons tous passé cette semaine « à fond », comme le disait Julie, à profiter de chaque minute. Nos journées s'étalaient entre soleil, plage, massages, balades en scooter, restaurants les pieds dans le sable, tout était magique. J'adorais plus particulièrement nos petits déjeuners en tête-à-tête, car les autres dormaient encore le plus souvent. On discutait du programme de la journée, tout était léger et Julie avait retrouvé un bon appétit et, pour moi, c'était une vraie joie de la voir manger... elle était redevenue à mes yeux une enfant qu'une Maman est heureuse de protéger et de cajoler. Bien évidemment, pas un mot sur le sujet qui fâche, elle voulait tout oublier alors je m'efforçais, moi aussi, de ne plus y penser et je me concentrais sur ces moments heureux que nous étions en train de vivre.

J'aimais aussi ces promenades en scooter où souvent Julie montait derrière moi, elle me serrait et se blottissait contre moi ; mon Dieu, que c'était bon ! Depuis tellement d'années, Julie était très indépendante et partait logiquement en vacances toujours avec ses amis, cela faisait donc longtemps que je n'avais pas vécu des moments de partage aussi intenses avec elle. Au fond, cette maladie nous avait tellement rapprochées que parfois, moi aussi, j'étais heureuse comme elle et je me disais que nous étions en train de vivre toutes les deux des moments uniques entre une mère et sa fille.

Julie semblait aussi tellement heureuse de montrer l'Inde à Damien et, quand je les regardais tous les deux sur la plage, se tenant la main, en sirotant leurs mojitos face à un splendide coucher de soleil, même si cela fait bien cliché, je ressentais la force de leur amour et je comprenais que cet amour donnait à Julie une énergie inépuisable, et qu'il était sans doute la vraie clef de sa combativité.

J'étais aussi comblée qu'Henri et Laurianne soient là avec nous, et nous parlions souvent de ce mariage qui approchait ; ils étaient tellement mignons tous les deux, amoureux et attentionnés l'un envers l'autre.

Je fus sur un nuage toute la semaine même si Marie me manquait un peu car, avec elle à nos côtés, mon bonheur de Maman aurait été complet.

Puis, le dernier jour est arrivé, porteur d'un sentiment de mélancolie dès le matin. Personne n'osait en parler mais nous étions tous un peu tristes mais avec encore l'envie de profiter jusqu'à la dernière goutte.

Il a fallu dire au revoir à la plage, rendre nos scooters et attendre le taxi. J'avais prévu, moi, de rester encore quelques jours après leur départ pour remettre en ordre la maison. C'est donc avec une grande émotion que je les ai vus tous partir dans ce taxi pour l'aéroport… des larmes… une profonde tristesse, et quand je me suis retrouvée seule dans la maison, j'ai compris que je venais de vivre avec Julie des jours enchantés, mais qu'hélas la réalité allait très vite nous rattraper. Je ne sais pas pourquoi mais pour la première fois, en voyant la voiture s'éloigner, j'ai pensé à sa mort éventuelle et j'étais convaincue qu'elle ne reviendrait jamais en Inde et que plus jamais nous aurions l'occasion de vivre une semaine de vacances ensemble.

Le lendemain matin, le lundi, Julie m'a appelée de sa chimio pour me dire qu'elle allait super bien et me remercier de ces vacances inoubliables. J'avais organisé à distance avec Marie, Henri et Maud qu'ils puissent accompagner Julie à sa chimio à ma place. C'était la première fois que je n'étais pas avec elle et je n'avais qu'une envie, c'était de rentrer vite en France pour voir ma Julie. Sa marraine, Dominique, mon amie de toujours, avait eu aussi la gentillesse de passer la voir pendant sa chimio, comme elle le faisait souvent ; j'étais donc rassurée, elle n'était pas toute seule.

J'ai réalisé alors que j'avais vraiment un profond besoin d'être toujours avec Julie, car dès que j'étais séparée et loin d'elle, toutes les pensées négatives remontaient à la surface et il suffisait qu'elle m'appelle ou que je sois avec elle pour que je retrouve une vraie confiance et un moral d'acier. J'étais en communion avec sa propre énergie, et cette semaine en Inde avait encore renforcé ce sentiment.

Je suis rentrée en France une semaine plus tard, la tête et le cœur remplis de tous ces moments inoubliables que nous avions passés ensemble, et dès mon retour, j'ai foncé chez Julie pour la voir. J'en avais besoin.

L'OPÉRATION… ENFIN !

JULIE

Quinzième PIPAC, tout va bien, mais je commence à avoir du mal avec les chimios. Les deux dernières, je me suis mise à pleurer dès que l'infirmière est arrivée pour me perfuser. J'en ai assez, marre, ras-le-bol, déjà plus de soixante-dix chimios en deux ans, cela paraît incroyable et pourtant c'est une triste réalité ; alors, je suis toujours contente quand je dois faire une PIPAC car je sais que pendant un mois je n'ai pas de chimio.

J'ai beaucoup maigri aussi car les nausées sont de plus en plus persistantes et ne m'accordent que peu de répit pour reprendre une alimentation normale. Pourtant, dès que je peux, je n'ai qu'une envie c'est d'aller avec Damien manger une bonne côte de bœuf, de la cervelle ou une andouillette, au restaurant.

Cette fois, je suis aussi à la fin d'un protocole, donc les médecins vont se réunir pour en décider un nouveau et, normalement, je vais avoir la visite du professeur pour me tenir informée. Ma mère est là quand je remonte du bloc, comme d'habitude, et j'aime bien la voir et sentir son parfum quand je reviens dans ma chambre ; je ne sais pas pourquoi mais cela me rassure. Au bout de quelques heures, on frappe à la porte et c'est enfin le professeur qui vient me voir pour la première fois depuis deux ans. Il s'assoit sur le bord de mon lit, ce qui présage qu'il a prévu de rester plus de deux minutes !

Je sens ma mère très angoissée à l'idée de ce qu'il va nous dire et, en même temps, elle est impatiente et contente d'assister à ce rendez-vous :

« Bon, je vois dans votre dossier que vous supportez de plus en plus mal les chimios et, franchement, on arrive au bout des traitements qu'on peut vous proposer. Pour les pipacs, je n'ai pas vraiment de vision à long terme car avec quinze déjà réalisées, vous êtes un record, donc je pense qu'il est temps d'envisager l'opération de gastrectomie totale. Je vais donc vous enlever tout votre estomac et, ce qui m'ennuie un peu, sans doute aussi deux morceaux d'intestin. Je ne vous cache pas que ce sera une opération très lourde et longue et qui va nécessiter de votre part une préparation intensive et une rééducation post-opératoire longue et difficile. Et si on pratique encore une série de chimios après l'opération, on peut envisager une guérison. Cette décision n'a pas été évidente à prendre pour moi car je dois vous dire que vous êtes en limite d'être opérable, mais on n'a plus beaucoup d'autres choix, et surtout je compte beaucoup sur votre courage et votre détermination assez incroyables, donc ensemble, on peut le faire… Je n'aurais pas proposé cette chirurgie à tout le monde dans votre cas, mais vous m'impressionnez par votre énergie et votre force, donc on va la tenter… Vous avez maintenant deux mois de préparation physique intense pour vous muscler et reprendre le plus de poids possible avant l'opération car il faut savoir que les six mois après la chirurgie sont difficiles et que la reprise très progressive de l'alimentation entraîne une perte de poids très importante. On programme donc la chirurgie pour le 28 juin 2018, dans deux mois, et à partir de maintenant, il faut essayer de refaire du sport, de manger beaucoup de protéines, on va vous expliquer tout ça en détail. Plus vous arriverez à cette opération en pleine forme et plus on augmente les chances de succès. Voilà, préparez-vous bien et on se revoit dans deux mois ! »

Je n'avais pas tout suivi de ce qu'il m'avait dit, mais j'avais retenu le principal… chirurgie, guérison envisagée, bien manger, un peu de sport et surtout le plus important pour moi aujourd'hui, « plus de chimio pour l'instant ». Enfin ! J'allais voir le bout du tunnel, même si j'avais bien compris que cette chirurgie allait être lourde et compliquée, mais je n'avais pas peur du tout, au contraire, je me sentais pousser des ailes. Ma mère aussi était surexcitée et entre elle et moi, nous avons dû passer plus de cinquante coups de téléphone dans l'heure qui a suivi pour annoncer la bonne nouvelle à tout le monde.

Damien, ma sœur et mon frère étaient fous de joie, et j'ai même réussi à appeler mon père en Inde qui était tellement heureux de la nouvelle. De toute façon, il rentrait en France dans quelques jours car sa saison était achevée et il avait hâte de me serrer dans ses bras.

J'étais motivée comme jamais et, autour de moi, tout le monde m'encourageait à faire du sport, m'invitait au restaurant ou chez eux en me préparant ce que j'adorais pour que je gagne quelques kilos avant le jour J. Avec Damien, en fin de journée, nous faisions des balades à vélo, et il commençait à faire doux en ce mois de mai assez printanier. Nous étions heureux tous les deux de partager ces moments ensemble et il m'aidait beaucoup chaque jour dans ma préparation physique. Maud, ma couz, avait même réussi à me donner des cours particuliers de yoga, adaptés à ma problématique, et j'acceptais de bon cœur ses conseils.

Début juin, mon oncle Dominique et ma tante Catherine m'ont invitée dans leur villa au sud de l'Espagne. Comme Damien ne pouvait pas prendre de congés, je suis partie avec ma meilleure amie, Marine, qui, pour l'occasion, avait fait garder ses trois enfants par son mari. Là-bas, sur place, nous avons rejoint ma cousine Marion, une grande sportive, qui s'était fixé le défi d'être mon vrai coach sportif pour la semaine. Ils étaient tous adorables et, avec Marion, tous les matins il y avait un programme de course sur la plage, ensuite à midi tonton Dominique s'occupait du repas et je crois bien n'avoir jamais autant mangé de côtes de bœuf que cette semaine-là. Je passe sous silence tous les apéros magiques au coucher de soleil avec des mojitos sublimes… J'étais en pleine forme, dans mon corps et dans ma tête, et j'étais tellement poussée en avant par tout le monde autour de moi que je crois pouvoir dire que ces deux mois furent parmi les plus beaux de ma vie.

Je recevais chaque jour des dizaines de messages de tous mes amis et de la famille pour m'encourager et, au bout de deux mois, j'avais l'impression d'être Rocky avant son match de boxe ! Mais, au-delà du physique, j'avais aussi à ce moment-là le meilleur mental qui soit, et je crois bien que je n'avais même pas peur du tout en pensant à cette opération car j'étais gonflée à bloc.

Je devais rentrer à l'hôpital le mardi 26 juin, et la famille avait eu l'idée d'organiser une nouvelle cousinade le samedi 23 juin ; c'était la touche finale à ma remise en forme physique, mentale et émotionnelle. Mon estomac a même eu droit à sa chanson, interprétée en chœur par la famille au complet, pour un adieu à ce « putain d'estomac », le titre de la chanson ! C'était génial, il faisait un temps merveilleux, la cinquantaine d'oncles et tantes, de cousins et cousines était autour de moi, mes parents, ma sœur et mes nièces, mon frère et Laurianne, et surtout mon chéri… tous en amour avec moi pour me porter dans ce qui devait être un moment important de ma vie sur le chemin de la guérison.

Le mardi, je suis arrivée à l'hôpital au mieux de ma forme et motivée comme jamais. Après de nombreux examens pour préparer l'intervention, mercredi soir j'étais prête et mes parents et Damien étaient là pour un dernier baiser avant la chirurgie du lendemain matin. Je crois bien que ma mère pleurait quand elle a quitté ma chambre, et j'ose espérer que c'étaient des larmes de joie. L'opération devait durer plus de douze heures, et il était prévu que je passe plusieurs jours en réanimation, mais on m'avait très bien expliqué toute la procédure, donc je n'étais pas angoissée du tout, mais plutôt impatiente. Je me suis donc endormie sereine et confiante et, à six heures du matin, je suis descendue au bloc, heureuse et optimiste.

Isabelle

Enfin, ça y est, ils veulent bien opérer Julie; ce que nous attendions tous depuis deux ans maintenant arrive enfin ! Même si on nous a expliqué que cette chirurgie allait être très lourde et qu'elle impliquerait une très longue rééducation, nous sommes tous fous de joie car cette opération est la clef vers une guérison éventuelle.

Julie doit se préparer très sérieusement pour cette chirurgie, et elle a deux mois pour essayer de se muscler un peu plus et surtout reprendre du poids, car chaque kilo gagné sera important pour compenser la perte de poids qui va suivre l'opération.

Dès que j'ai su la nouvelle, j'ai commencé à me renseigner et à me documenter sérieusement sur cette chirurgie et les conséquences sur la vie quotidienne après l'opération. Ce n'était pas simple mais, connaissant Julie et son appétit, nous étions tous très optimistes et j'étais intimement persuadée qu'elle réussirait à vivre normalement après quelques mois sans doute difficiles. L'important, c'était de lui enlever cet estomac, la cause de cette maladie. J'avais même réussi, à force de parler avec tout le monde, à trouver deux ou trois personnes qui avaient vécu cette ablation totale de l'estomac. Julie les avait contactées pour parler un peu avec elles de leur expérience et cela l'avait rassurée même si, au fond, je sentais qu'elle n'était pas très angoissée. Moi, par contre, j'avoue que je paniquais quelquefois en pensant au côté définitif de cette chirurgie très mutilante malgré tout, mais je savais aussi que c'était l'unique solution pour Julie.

J'étais aussi très heureuse de rompre avec ce cycle infernal des chimios toutes les deux semaines depuis deux ans, car je n'en pouvais plus d'assister à la douleur grandissante de Julie à chaque nouvelle chimio.

Le combat était loin d'être fini, je m'en doutais, mais au moins cela allait être un autre combat, et j'avais l'impression qu'on avançait alors que depuis deux ans j'avais tellement le sentiment de faire du surplace.

J'étais fière de l'attitude de Julie pendant ces deux mois de préparation car elle se donnait à fond et cela augmentait mon espoir de la voir guérir. On sortait beaucoup au restaurant car elle adorait ça et, pour une fois, c'était presque sur l'ordonnance, donc on en profitait pleinement. Je comprenais aussi que Julie voulait jouir totalement du plaisir d'un bon repas car elle savait qu'ensuite cela ne serait plus possible pour elle, pour bien longtemps.

Elle allait aussi souvent travailler au centre ophtalmologique car elle savait qu'ensuite, pour quelques mois, ce ne serait pas évident mais, comme toujours, elle avait anticipé et tout organisé pour que tout se passe bien. Elle me parlait souvent de son émotion face à la gentillesse de tous les médecins du centre avec elle. C'était sa fierté d'avoir toujours continué à travailler un peu et de n'avoir jamais abandonné.

Voulait-elle prouver à tous qu'elle était la plus forte, ou alors voulait-elle se prouver à elle-même qu'elle l'était ? Peut-être un savant mélange des deux !

Les cousins avaient voulu organiser une cousinade quelques jours avant son opération, et je trouvais que l'idée était formidable.

Je me rappelle que, quelques jours avant cela, Julie m'avait dit au téléphone cette phrase qui allait beaucoup me marquer :

« Maman, je suis tellement heureuse, et je n'ai absolument pas peur de cette opération, mais une seule chose m'inquiète… est-ce que tu crois que les gens vont continuer à m'aimer autant quand je serai guérie ? »

Cette phrase résumait tellement bien son état intérieur depuis le début de son cancer jusqu'à maintenant, et je comprenais que son besoin d'amour avait été comblé grâce à sa maladie.

J'avais essayé de lui expliquer qu'une telle pensée n'était pas toujours saine car les gens l'aimaient pour ce qu'elle était devenue, et non pas pour sa maladie. Elle m'avait écoutée et comprise mais je sentais bien qu'au fond d'elle, cette pensée restait présente malgré tout. Je lui avais conseillé d'en parler à tous lors de la cousinade par un petit discours de remerciements pour un peu exorciser ce sentiment mais elle était trop pudique pour le faire.

Elle n'aimait pas exprimer ses sentiments aux yeux de tous et préférait ne montrer que sa force et son courage.

Le mardi suivant, je l'ai accompagnée à l'hôpital où on lui a tout de suite installé un cathéter dans le bras qui allait lui servir pour se nourrir pendant de nombreuses semaines puisqu'aucune nourriture ne pourrait passer par la bouche… un peu angoissant pour une Maman ! Le lendemain, elle a eu aussi de nombreux autres examens pour se préparer à la chirurgie du jeudi, et nous avons passé, avec Yves, toute la journée avec elle. Le soir, quand Damien est arrivé, il a fallu partir car nous voulions les laisser un peu seuls tous les deux. J'ai embrassé ma fille un long moment, j'avais du mal à partir car je savais que demain allait être un jour important et crucial pour elle. Je savais que j'allais la revoir pour plusieurs jours en réanimation avec plein de tuyaux partout et j'avais un peu peur. Pourvu que tout se passe bien demain !

LE 28 JUIN

Julie

Je suis en salle de réveil mais, immédiatement, je comprends que rien ne s'est passé comme prévu car je n'ai aucun tuyau dans la bouche et je n'ai pas mal. Très rapidement, une infirmière arrive et me dit qu'on n'a pas pu me retirer l'estomac et que le médecin va venir me voir. Cette mauvaise nouvelle me frappe en plein cœur et ma première pensée est que je dois appeler ma mère pour lui dire. Encore un peu endormie, je demande malgré tout un téléphone à l'infirmière et je peux lui parler. Je lui explique en quelques mots la situation et je la sens perdue et abasourdie. Elle me dit qu'ils arrivent pour me voir. J'appelle aussi tout de suite Damien, j'entends qu'il est au bord des larmes et j'ai hâte qu'il vienne.

Moi aussi, en remontant dans ma chambre, je suis perdue et je n'arrive pas à penser. Comment est-ce possible ? Pourtant, je m'étais tellement bien préparée ! Mes émotions sont confuses car, bien sûr, je suis terriblement déçue et inquiète que l'opération ait échoué mais, en même temps, j'ai toujours mon estomac et je ne souffre pas. Quoi qu'il en soit, je ne réalise pas du tout encore ce que cet échec va impliquer. Damien arrive en premier, il est en pleurs, suivi de peu par mes parents et ma sœur Marie, eux aussi, je le vois bien, ont pleuré. Henri et Laurianne arrivent juste après et je ressens leur angoisse quand ils m'embrassent un peu plus fort que d'habitude. Quand Antoine, le compagnon de ma sœur Marie, arrive aussi, je comprends alors la gravité de la situation car c'est la toute première fois en deux ans qu'il vient me voir ; d'habitude, il brille plutôt par son absence concernant ma maladie. J'apprendrai plus tard qu'il n'est venu que parce que Marie l'avait fortement supplié de venir.

Ils sont tous là, autour de mon lit, à essayer de détendre l'atmosphère pesante et à me dire que peut-être c'est mieux ainsi car je garde mon estomac, mais je vois bien que cela sonne faux et qu'ils sont tous tristes et inquiets. Nous attendons tous le passage du médecin qui va mettre plus de quatre heures à venir me voir… c'est long, très long, et notre angoisse est croissante car les infirmières ne veulent rien nous dire quand elles passent dans la chambre. Je ne sais toujours pas ce qu'on m'a fait, je vois juste que j'ai une grande cicatrice sur le ventre de haut en bas et que j'ai encore une péridurale pour la douleur.

Quand le médecin arrive enfin, il prend une chaise pour s'asseoir et ce n'est pas bon signe car d'habitude ses visites sont plutôt éclair ! Et, pour la première fois, il ne demande pas à la famille de sortir, deuxième mauvais signe !

« Voilà, je n'ai pas pu réaliser la chirurgie que je souhaitais car il aurait fallu réduire beaucoup trop aussi votre intestin et cela n'aurait plus été viable pour vous. Je suis désolé, je savais que j'opérais en limite du possible, mais votre enthousiasme et votre énergie m'ont un peu bluffé et je croyais vraiment pouvoir réussir. »

Comme je sortais tout de même d'une anesthésie de plusieurs heures, j'étais encore un peu ailleurs et je crois bien que je n'ai pas tout compris de son discours. Je voyais qu'il n'était pas comme d'habitude, il semblait déçu et cherchait un peu à s'excuser de sa décision d'opérer. Je ne lui en voulais pas, il fallait le tenter. Il m'a informée qu'il faudrait juste reprendre les chimios mais sans empressement cette fois… Vraiment, autant de compassion et d'humanité dans sa bouche, cela n'était pas bon signe du tout du tout !! J'essayais malgré tout, comme toujours, de voir le côté positif de cet échec. J'allais pouvoir continuer les bons repas, j'allais être en forme pour le mariage de mon frère en septembre, dans trois mois, et j'étais vraiment heureuse de cette perspective mais plus personne ne prononçait le mot de guérison. Le soir, quand je me suis retrouvée seule dans ma chambre, après cette journée si riche en émotions et en bouleversements, et grâce à toutes ces preuves d'amour reçues de ma famille et de Damien, j'avais à nouveau la conviction que j'allais m'en sortir et, en plus, en gardant mon estomac, ce qui serait extraordinaire… mais après tout j'étais extraordinaire… on me l'avait tellement répété !

Isabelle

Depuis très tôt ce matin et le dernier message de Julie, à cinq heures trente, me disant qu'elle descendait au bloc, je compte chaque minute et le temps n'avance pas. J'imagine ma fille sur la table d'opération, le ventre ouvert, en train de se faire retirer tout l'estomac. Nous avions décidé avec Yves de téléphoner vers treize heures à un numéro que l'hôpital nous avait communiqué pour avoir des nouvelles en milieu d'opération. Hélas, aux environs de midi, je reçois un coup de téléphone d'un numéro inconnu, et j'entends ma Julie avec une petite voix m'annoncer qu'elle est déjà en salle de réveil car la chirurgie n'a pas pu avoir lieu correctement. Avec ses mots à elle, cela donnait :

« Ils m'ont tout ouvert le ventre, mais ils ont tout refermé. »

C'est comme un coup de poignard dans le cœur pour moi ; Yves, à côté de moi, s'écroule aussi et nous comprenons tous les deux instantanément que tout espoir de guérison s'envole, et que la conséquence de cet échec va être terrible. Je crois pouvoir dire que cette minute est une des pires de ma vie. Tant d'espoir depuis quelques mois réduit à néant en une seconde !

J'appelle immédiatement Marie et Henri, ils sont en pleurs et en colère contre tant d'injustice. Damien était déjà au courant car Julie venait de l'appeler, et lui aussi est effondré et je l'entends pleurer pour la première fois. Nous partons tous pour l'hôpital voir Julie, où Maud et ma sœur Jacqueline ont décidé de nous rejoindre aussi.

Nous nous retrouvons tous autour de Julie dans sa chambre où elle vient de remonter du bloc. Nous sommes tous anéantis et, encore une fois, c'est Julie qui nous remonte le moral en nous disant qu'au moins elle va pouvoir continuer à manger ses côtes de bœuf cet été au barbecue. Incroyable Julie !

Quand, dans l'après-midi, son médecin vient enfin nous voir, il semble lui aussi un peu abattu et, pour une fois, il accepte que nous restions tous dans la chambre. Cela change d'un coup car, lors d'une PIPAC, il était entré dans la chambre en disant : « La famille, dehors ! ». Simultanément, on nous expliquait que le rôle des accompagnants était primordial… sans commentaire !

Il nous explique que la chirurgie aurait été trop mutilante et invalidante compte tenu de ce qu'il a découvert en ouvrant et, pour la première fois, il prononce le mot de soins palliatifs, et nous comprenons tous ce que cela veut dire.

Je n'oublierai pas non plus sa dernière phrase en sortant de la chambre :

« Il va falloir maintenant que vous appreniez à vivre avec votre cancer pour toujours et, nous, de notre côté, nous allons essayer que ce soit le plus longtemps possible et le mieux possible pour vous. »

Clap de fin ! J'ai presque du mal à respirer tellement je comprends le sens évident de cette phrase. Pour moi, l'espoir de voir Julie guérir un jour s'envole à cet instant.

Je comprends aussi qu'il va falloir, à partir de maintenant, commencer à se mentir et à mentir à Julie pour garder tous ensemble un bon moral, et faire semblant d'y croire encore mais, là encore, c'est Julie qui donne le diapason car elle nous dit à tous :

« En fait, c'est plutôt mieux car vous allez voir, je vais m'en sortir et avec mon estomac, donc c'est gagnant pour moi, je suis sûre que je peux y arriver. »

Pour la première fois, j'allais aussi commencer à me poser la question de savoir si Julie était lucide et voulait nous protéger, ou alors si réellement elle croyait que grâce à sa force et son énergie incroyablement positive, elle allait réussir à tous nous épater en gagnant ce combat? Je n'aurai, hélas, jamais la réponse à cette question.

Nous allions nous concentrer maintenant sur les vacances d'été, sans aucune chimio, et sur le mariage d'Henri et Laurianne en septembre. Cela allait nous permettre d'avoir des sujets de conversation avec Julie plus légers et, comme elle le souhaitait toujours, éloignés de sa maladie. Il nous fallait respecter son optimisme même si, au fond de nous, il était difficile de l'être depuis cette triste journée.

Les vraies discussions avaient lieu avec Marie, Henri et Maud, et presque quotidiennement nous nous appelions à tour de rôle pour évaluer la réalité de la situation. Mais, encore une fois, Julie nous transmettait son énergie et on gardait tous au fond de nous un espoir sans doute un peu stupide… l'espoir qu'elle allait réussir à vaincre cette maladie malgré tous les obstacles.

Avec Yves, à la maison, c'était bien sûr notre presque unique sujet de conversation et, là encore, par moments on y croyait.

Comme si cela ne nous suffisait pas, c'est le moment qu'a choisi Antoine, le compagnon de Marie, pour la tromper et la quitter en quelques semaines, abandonnant ainsi au passage ses deux filles de trois et sept ans en leur accordant un week-end tous les quinze jours et la moitié des vacances. Marie était dévastée et elle allait avoir besoin de notre support. C'était vraiment d'une élégance rare de sa part de quitter Marie à ce moment de sa vie, et mes petites-filles Romy et Margot allaient avoir besoin de nous au quotidien, ce qui rajoutait une charge émotionnelle lourde mais qui permettait aussi de contrebalancer avec Julie. Quelquefois, la vie s'acharne sur vous en multipliant les facteurs d'angoisse et de tristesse, mais nous n'étions pas du genre à baisser les bras. Pour Julie, la situation de sa sœur était un nouveau combat qu'elle s'était fixé, et cela l'aidait à se battre encore plus fort. Elle n'avait jamais beaucoup apprécié Antoine qu'elle trouvait hautain et désagréable, et surtout sans aucune marque d'affection. Face au cancer de Julie, il avait été le seul de la famille à être totalement absent, sans jamais montrer la moindre émotion.

Julie, en tant que grande sœur aînée, prenait son rôle très à cœur, je pense que s'occuper de sa sœur et de ses nièces lui permettait pour un temps de penser à autre chose, et elle avait l'impression à nouveau d'être utile pour les autres.

Pendant les vacances d'été, Julie et Damien sont partis en Bretagne, comme tous les étés, rejoindre les cousins et cousines. Cette fois, Julie avait décidé d'emmener Romy pour trois semaines pour soulager un peu sa sœur. C'était du Julie « tout craché », même dans ces moments-là, elle ne pensait pas à elle mais elle voulait aider les autres.

Depuis cette chirurgie ratée, elle avait très souvent mal au ventre et, sans se plaindre vraiment, je comprenais que bien souvent elle souffrait réellement alors que depuis le début de sa maladie, elle n'avait encore jamais souffert physiquement, sauf avec les effets secondaires des chimios.

C'était donc un vrai tournant dans cette maladie et j'allais commencer à apprendre et à accepter de voir ma fille souffrir, ce qui pour une mère est loin d'être facile.

Dans cette ambiance, parfois difficile pour moi, il ne fallait pas oublier Henri et son mariage qui approchait, et j'avais parfois le sentiment d'être injuste avec eux car j'avais trop peu de temps à leur consacrer. Heureusement, ils étaient tous les deux formidables et s'occupaient de tout eux-mêmes. Pour Julie aussi le mariage de son petit frère qu'elle adorait était un événement important, et elle voulait être en pleine forme pour ce grand jour.

LE MARIAGE

Julie

Depuis un mois, c'était un peu l'effervescence dans la famille, le mariage d'Henri et Laurianne approchait et, pour moi, la difficulté était de trouver une tenue adéquate car comme je maigrissais à vue d'œil, ce n'était pas évident de prévoir et d'ajuster une robe pour le grand jour. Je maigrissais beaucoup car depuis cette foutue opération, j'avais très souvent mal au ventre et je n'arrivais plus à manger comme avant. J'avais, depuis le début de ma maladie, perdu plus de vingt-cinq kilos et, aujourd'hui, j'étais à peine à cinquante kilos. Pour moi, c'était un peu ironique car depuis vingt ans j'avais plutôt dix kilos de trop en permanence.

La veille du mariage, j'avais aidé Henri et mes parents à préparer la salle, je n'étais pas au mieux de ma forme car depuis quelques jours mes analyses de sang étaient très perturbées et mon foie criait au secours. Je commençais à avoir le teint très jaune et même le blanc de mon œil virait aussi au jaune. Malgré cela, j'étais tellement heureuse d'être présente pour voir mon petit frère se marier que rien n'aurait pu m'empêcher de profiter pleinement de ce jour.

Le samedi à quatorze heures, nous avions tous rendez-vous à la mairie puis à quinze heures à l'église. Tout le monde me complimentait en me disant que j'étais superbe dans ma robe rose mais, pour la première fois devant tant de monde, je ressentais l'inquiétude de chacun et je comprenais leurs mensonges pour me protéger.

Henri m'avait demandé de lire un texte à l'église, et j'étais tellement fière de ce moment. Sentir tous les yeux sur moi me rendait plus forte et je pouvais recevoir tout l'amour et la compassion de tous car je voyais bien que tout le monde scrutait mon état de santé. Cette journée était décidément pleine d'émotions pour moi. Chaque invité venait me serrer dans ses bras pour un instant et, excepté les mariés, j'étais encore et toujours au centre de l'attention.

C'est incroyable parfois de retrouver en soi une force qu'on pensait perdue. Depuis une semaine, j'étais vraiment très fatiguée mais, aujourd'hui, j'étais à nouveau dans une forme excellente, comme portée par la joie d'être là, tout simplement. J'avais tellement rêvé de ce jour car je savais qu'Henri allait être très heureux avec Laurianne… elle était parfaite pour lui !

Avec Damien, toujours assis près de moi, je me surprenais à rêver de notre mariage à nous… bientôt, dès que je serais guérie… une immense fête. Cela me rassurait de penser que le prochain mariage dans la famille serait le mien.

Ma tante Anne-Marie, qui vit en Inde, fut particulièrement proche de moi toute la soirée car elle allait repartir bientôt pour plusieurs mois et je voyais qu'elle avait envie de passer du temps près de moi. J'étais partagée entre un sentiment de plaisir et d'énervement… pourquoi tout le monde voulait tant passer du temps avec moi ? Commençaient-ils à penser qu'ils ne me verraient plus un jour ? Je regardais tout le monde danser et s'amuser et je commençais à réaliser que mes forces avaient diminué car, malgré mon envie de participer, je restais assise sur ma chaise. Je m'occupais un peu de mes petites-nièces, Romy et Margot, qui étaient folles de joie dans leurs robes de princesse, et je regardais ma sœur Marie, seule depuis que son compagnon l'avait quittée, elle semblait heureuse, peut-être même plus heureuse que lorsqu'il était encore là. Malgré cela, je restais inquiète pour elle et les filles, elle allait devoir refaire sa vie et cela n'est jamais simple.

J'étais bien sûr placée à la meilleure table, au centre de la pièce, juste à côté des mariés, et je me rappelais un précédent mariage d'un cousin, il y a quelques années, où j'étais assise tout au fond, là où personne ne prêtait attention à moi. Je comprenais alors tout ce que cette maladie m'avait apporté de positif. J'avais pleinement accepté ma maladie et je n'avais aucune angoisse car j'étais persuadée de guérir. Ce cancer était pour moi le moyen de prouver au monde qui j'étais vraiment.

Malgré la fatigue causée par ma jaunisse, nous sommes restés jusqu'à la fin et, à quatre heures du matin, dans la voiture du retour, j'étais très fière d'avoir vécu cette journée « normalement ». C'était un pied de nez aux médecins qui m'avaient dit, il y a quelques jours, que je ne serais pas en forme pour participer toute la journée à ce mariage. Si j'avais été capable de réussir ce challenge, alors, j'en étais sûre, j'allais bientôt guérir, en gardant mon estomac et en devenant un cas bien particulier pour lequel les médecins n'auraient pas d'explications. L'amour de Damien, de toute ma famille et de mes amis allait me porter et le bonheur que je ressentais à l'intérieur de moi allait combattre ce cancer.

Dans mon ventre se jouait le combat des cellules du bonheur contre les cellules malades, et je comprenais que ce n'étaient plus les chimios qui allaient me sauver, mais mon envie de vivre qui devait gagner !

Isabelle

Aujourd'hui allait être une belle journée, mon fils Henri allait épouser Laurianne et je voulais vraiment me consacrer totalement à eux et à ce mariage. Hélas, l'état de santé de Julie était assez préoccupant car elle avait développé une jaunisse depuis peu et elle semblait bien fatiguée. Bien sûr, elle ne supportait pas quand je lui demandais comment elle allait et sa seule réponse était toujours la même :

« T'inquiète, Maman, ça va super ! »

Mais ces mots qui me rassuraient tant avant n'arrivaient plus à calmer mon angoisse au quotidien, et j'avais peur que pour elle la journée soit épuisante. Pourtant, à quatorze heures, quand je l'ai vue arriver à la mairie, elle était magnifique dans sa petite robe rose, un grand sourire au bord des lèvres, bien coiffée… elle était si jolie et rayonnante et, en même temps, si frêle et fragile du haut de ses cinquante petits kilos.

Quand, à l'église, elle s'est approchée du micro pour lire le texte qu'Henri lui avait préparé, je ne pouvais pas m'empêcher de pleurer et, autour de moi, beaucoup avaient aussi les larmes aux yeux. Je pense que toute l'assemblée était consciente de son état de santé qui se dégradait, et tous étaient admiratifs de son courage et de sa force. J'avais en moi tellement d'émotions contradictoires que je n'arrivais pas à les analyser clairement.

Tout se passait admirablement bien et le soleil était présent pour illuminer cette journée ; j'avais du mal à ne pas tout le temps fixer mon regard sur Julie pour vérifier si elle allait bien, mais j'essayais aussi de parler à tout le monde et de jouer au mieux mon rôle de Maman du marié !

Le cocktail, le repas et la soirée se passèrent à merveille, et Henri et Laurianne rayonnaient de bonheur. Julie allait bien mais, sans comprendre vraiment pourquoi, peut-être parce que toute la famille et les amis étaient présents, je n'arrivais pas à penser à autre chose qu'à la maladie de Julie et à cette injustice qui touchait notre famille. Je pense que la joie de ce mariage se mêlait à la peur de réaliser que Julie allait de plus en plus mal depuis son opération avortée, et ce mélange d'émotions contradictoires créait un sentiment bizarre que je n'arrivais pas à contrôler. Je regardais tout le monde danser et s'amuser, et moi, je commençais à ne plus me sentir concernée par tant de joie. Je crois qu'inconsciemment je comprenais ce qui était en train d'arriver, mais cette réalité était tellement inconcevable que je la refusais. Parfois, je me demandais si Yves, Marie ou Henri était dans le même état d'esprit que moi, mais nous avions tous entamé, je crois, une partie de « poker menteur », où nous n'osions plus nous dire ce que nous ressentions vraiment. Il était plus confortable pour tous de se rassurer en continuant d'y croire, malgré les apparences. La seule qui était encore et toujours positive envers et contre tout, c'était bien sûr Julie et elle continuait de nous montrer cette force incroyable et cette envie de vivre. Alors, on se raccrochait tous à cette idée qu'elle était incroyable et que forcément rien ne se passerait comme les médecins avaient l'air de le prédire.

Alors au diable Krukenberg !

Il fallait profiter de chaque moment de bonheur que nous offrait la vie et ce mariage en était un qu'il ne fallait pas gâcher. Au milieu du repas, Julie et Marie avaient préparé un petit jeu pour les mariés et c'était formidable de voir comment Julie prenait son rôle d'animatrice tellement à cœur. Tout le monde était, je crois, étonné de la voir autant en forme ce soir-là.

Romy et Margot s'amusaient aussi beaucoup et c'était un vrai plaisir pour moi de les regarder courir et danser autour des tables et, en même temps, cela me rappelait aussi avec un peu de nostalgie quand Julie et Marie étaient enfants et s'amusaient aussi ensemble. C'est incroyable comme cette maladie peut, par moments, vous rendre nostalgique et émotif quand elle touche un de vos proches.

Un mariage est toujours un moment important dans la vie d'une famille et il reste toujours un repère dans les souvenirs ; j'espérais que le prochain serait celui de Julie et Damien. Quand je regardais Laurianne si belle dans sa robe blanche, j'imaginais déjà ma Julie, guérie, elle aussi dans une sublime robe de mariée et, pour un instant, j'oubliais tout le reste, hélas, pour un instant seulement car la réalité revient toujours vous frapper à grande vitesse.

QUATRE MOIS DIFFICILES…

Julie

Dès le lundi suivant le mariage, je suis rentrée à l'hôpital car ma jaunisse s'aggravait et il fallait faire quelque chose rapidement. Les médecins avaient décidé de m'opérer pour me poser une prothèse biliaire qui allait permettre à mon foie d'évacuer la bile, et cela devait me soulager rapidement car je souffrais beaucoup. C'était une petite intervention qui ne m'angoissait pas du tout mais je voyais que mes proches, eux, commençaient à être très inquiets. Je ne savais plus comment les rassurer et cela me dérangeait beaucoup. Mon seul souci était maintenant de les protéger mais mon sourire et mon énergie ne suffisaient plus, je le voyais bien.

Dès le lendemain matin, j'ai pu rentrer chez moi, en insistant un peu comme d'habitude. Depuis quelque temps, les médecins étaient de plus en plus discrets avec moi et ils venaient très peu me voir pour me donner des nouvelles ; c'était très frustrant, surtout pour ma famille, et cela nourrissait leur inquiétude.

J'étais un peu soulagée par cette prothèse mais je continuais quand même à avoir presque tout le temps mal au ventre qui était gonflé en permanence. Du coup, j'avais du mal à m'alimenter et je continuais à perdre du poids. Je ne savais plus quoi penser de ma situation car quand je n'avais pas mal au ventre, je me sentais très bien et j'avais envie de croquer la vie à pleines dents, mais très souvent, lorsque mon ventre était très gonflé, je n'avais plus le goût à rien et je m'enfermais dans ma douleur. Dans ces moments-là, j'aimais être seule car j'avais presque honte de montrer à mes proches que je souffrais. Je voulais bien sûr les protéger, mais aussi je voulais continuer à paraître extraordinaire, je crois, et quand les douleurs étaient là… je devenais une malade ordinaire.

Perdre un peu de ma force à cause de ma perte de poids qui s'accentuait me rendait parfois un peu agressive, je le voyais bien, surtout avec ma mère qui devenait dans ces moments mon punching-ball émotionnel, mais je savais qu'elle le comprenait et l'acceptait. Je n'en voulais à personne, j'étais juste en colère contre la maladie et surtout contre moi-même. J'avais du mal à admettre que ma volonté et mon énergie ne suffisent pas à vaincre ma maladie.

Pour m'aider mentalement, j'avais besoin de me lancer dans de nombreux projets. Avec Damien, nous avions lancé des travaux dans notre salle de bains et notre cuisine, et cela me réjouissait profondément de voir notre maison changer un peu car j'avais l'impression qu'une nouvelle vie allait suivre.

Je passais aussi beaucoup de temps à organiser nos prochaines vacances, dans six mois, en juin au Portugal, au mois d'août en Corse, cela me rassurait de tout réserver… les hôtels, les avions… J'avais aussi en tête un grand voyage avec Damien, pourquoi pas Zanzibar ? Ces images sur Internet me faisaient rêver !

J'avais repris un cycle infernal de chimios toutes les semaines, avec un nouveau protocole qui me donnait très peu de nausées mais qui, en même temps, me semblait très peu efficace, mais comme je disais toujours à tout le monde :

« On lâche rien, on continue et ça va le faire ! »

De cinquante kilos fin septembre, je suis rapidement descendue à quarante kilos en décembre. Entre-temps, au mois de novembre, les médecins avaient essayé de me poser une prothèse colique pour enrayer mes maux de ventre qui devenaient quotidiens et très douloureux mais, hélas, l'intervention n'avait pas été possible. En remontant du bloc, le médecin, avec une mine déconfite, m'a dit qu'il était impératif de me poser une poche externe sur le haut de mon intestin, dont le nom savant était une stomie, mais pour moi, définitivement, c'était une « poche à caca ». Les médecins venaient me voir pour savoir si psychologiquement je supportais cette poche mais, sincèrement, cela ne me dérangeait pas du tout, au contraire, j'étais un peu fière de la montrer. Et, surtout, dès le lendemain de la pose, j'étais enfin soulagée de mes douleurs, donc j'étais vraiment contente et je reprenais courage. Hélas, les douleurs sont réapparues très vite au bout de quelques jours.

Pour les fêtes de Noël, j'étais en famille et, pour le réveillon du jour de l'An, grosse fête avec mes amis, mais je voyais dans leur regard à tous l'inquiétude grandir face à ma maigreur. Pourtant, au fond de moi, je continuais de croire qu'il m'était possible d'inverser la tendance, il suffisait que les douleurs s'arrêtent un peu pour que je reprenne de l'appétit et donc du poids. Au fond, je n'avais pas le choix, il fallait que je garde mon optimisme et mon énergie car depuis deux ans et demi c'était ma nouvelle identité, et tout le monde m'admirait et m'aimait pour cela, donc je devais leur montrer à tous que je croyais encore en ma guérison, et à force de vouloir le prouver aux autres, j'en arrivais à le croire moi-même.

En janvier, les médecins ont commencé à me prescrire des patchs de morphine contre la douleur mais je refusais de les prendre le plus souvent car je voulais garder une lucidité totale face à la douleur. Non pas que j'aimais cela, mais il me semblait que pour combattre la maladie, je devais garder un esprit clair et déterminé.

Puis la douleur est devenue tellement intense, chaque jour, chaque nuit, que j'ai accepté d'être hospitalisée pour être sous perfusion de morphine ; visiblement, il n'y avait pas d'autre solution. Immédiatement, à mon arrivée, ils m'ont mise sous perfusion permanente de morphine et, en moins de trente minutes, le bonheur… plus aucune douleur… enfin, je respirais et tout de suite je retrouvai un courage à toute épreuve. Grâce à la morphine, j'allais retrouver l'appétit, donc reprendre quelques kilos et j'allais de nouveau pouvoir me battre et gagner mon combat. J'étais descendue en dessous de trente-cinq kilos et cela devenait problématique, mais cela n'allait pas durer, j'en étais convaincue. La morphine me rendait joyeuse et très émotive en même temps, j'avais l'impression de pouvoir parler de mes sentiments alors que d'habitude c'était plutôt difficile pour moi de m'exprimer et de les partager. Mes parents étaient présents chaque jour avec moi, toute la journée, et j'avais envie de leur dire que je les aimais ; ils étaient tellement gentils avec moi. Chaque jour, en fin d'après-midi, Damien arrivait et je reconnaissais son pas du bout du couloir… mon chéri venait pour passer la soirée avec moi et c'étaient de vrais instants de bonheur. Je suis restée deux semaines à l'hôpital et je crois bien avoir reçu plus de cent visites ; toute ma famille a défilé, tous mes amis sont venus et, en deux semaines, j'ai reçu plus d'amour que dans toute ma vie entière… C'était incroyable et tellement formidable. Ma sœur, mon frère et Laurianne et ma cousine Maud venaient me voir chaque jour pour passer un moment avec moi. Je les sentais tous très inquiets à mon sujet, et beaucoup de mes amis avaient les larmes aux yeux en rentrant dans ma chambre. Alors, je les consolais et surtout je leur disais que j'avais encore tellement envie de me battre et de vivre qu'ils ne devaient pas s'inquiéter pour moi car j'allais aller mieux rapidement.

En accord avec les médecins et comme je me sentais mieux, nous avons décidé ensemble de mon retour à la maison en hospitalisation à domicile. J'étais la plus heureuse quand mes parents sont venus me chercher pour me ramener chez moi ; j'allais enfin passer les soirées et les nuits avec Damien… quel bonheur ! Mes parents avaient décidé de passer toutes les journées avec moi car je ne pouvais plus me déplacer seule ni marcher, et j'avais besoin d'eux pour me porter et me soutenir. J'étais redevenue une enfant dont il fallait s'occuper continuellement, et même m'aider à manger, mais bizarrement j'étais heureuse de cette situation et j'appréciais de me faire dorloter car il faut bien le reconnaître, j'étais très fatiguée, presque épuisée en permanence.

Le lendemain de mon retour à la maison, j'ai passé la journée à mettre de l'ordre dans la comptabilité du centre où je travaillais, j'avais mes parents à mes côtés, nous avons parlé de tout et de rien mais, comme d'habitude, jamais de mon état et de rien qui puisse s'en approcher. Nous étions heureux tous les trois. À midi, mon frère et ma sœur sont venus manger avec nous et on était vraiment bien tous ensemble, en tout cas moi je l'étais… Sans doute la morphine continuait-elle de me rendre un peu euphorique, mais j'étais heureuse de vivre de tels moments avec ma famille… je les aimais tellement ! Dans l'après-midi, mon oncle François est passé me voir et j'étais heureuse de sa visite mais, en fin de journée, quand mes parents sont partis et que mon chéri est rentré du travail, j'ai ressenti une profonde douleur au ventre qui n'allait plus s'arrêter… Nous étions le 7 février et j'allais mourir dans quelques heures.

Isabelle

Passées l'excitation et la joie du mariage d'Henri et Laurianne, je suis très rapidement retombée dans une angoisse concernant Julie, car elle avait tellement maigri que je me demandais parfois comment elle allait pouvoir remonter la pente. De plus, depuis cet été, elle souffrait tout le temps de son ventre gonflé, et c'est tellement difficile pour une mère de voir souffrir son enfant, quel que soit son âge.

Les chimios s'enchaînaient maintenant chaque lundi et ses analyses de sang étaient toujours très perturbées, donc il a fallu plusieurs petites interventions pour des poses de prothèses afin de soulager son intestin et son colon. Chaque fois, c'était un moment de stress pour moi de devoir l'accompagner à l'hôpital et de la laisser pour une nuit au moins. Je détestais ces moments-là car j'avais l'impression de l'abandonner et, pour un moment, elle redevenait ma petite fille.

Les conversations téléphoniques avec Marie, Henri et Maud devenaient de plus en plus fréquentes, chaque soir, car nous étions tous tellement inquiets, on se parlait, on se rassurait comme on pouvait, on se mentait aussi parfois sans doute, mais surtout on essayait de rester positifs et de croire à un miracle.

Puis, il y a eu la pose de la stomie, cette poche qui invalidait encore un peu plus ma fille. Mais les médecins nous laissaient entendre qu'ils pourraient l'enlever quand tout serait rentré dans l'ordre au niveau intestinal, mais je crois qu'ils n'y croyaient pas plus que nous.

Au milieu de tous ces mensonges, il y avait Julie, toujours la même, tellement positive, tellement pleine de vie, mais qui maigrissait à vue d'œil, ce qui me rendait triste car je ne reconnaissais plus mon enfant.

L'hiver arrivait, les fêtes de Noël, une nouvelle année qui s'annonçait… mais qu'allait-elle nous faire vivre? Un miracle ou un cauchemar? Car je savais bien que maintenant l'éventuelle guérison de Julie était de l'ordre du miracle, il ne fallait pas se voiler la face ! Mais, comme toujours, l'attitude de Julie nous poussait tous à y croire. Alors, pour quelques heures, je reprenais confiance dans l'avenir et je me disais que tout allait bien finir. Dans ces situations, vous avez souvent un ami, une connaissance qui vous parle d'un cas similaire où la personne était déclarée sans espoir et qui, par miracle, avait réussi à guérir. Alors, je gardais cette petite lumière en moi et je me disais que ce miracle allait être le nôtre. Puis, la lucidité revenait et je prenais conscience de la gravité de son état et de sa maigreur.

En janvier, il a fallu hospitaliser Julie pour la placer sous morphine car elle souffrait trop d'une occlusion permanente. Pendant deux semaines, Yves et moi allions chaque jour à l'hôpital pour passer la journée avec elle, et chaque jour son état se dégradait un peu. Au début, elle arrivait encore à marcher puis, au bout de quelques jours, il a fallu la porter. C'est incroyable comme le curseur de ce que l'on peut supporter peut évoluer avec la situation. La voir ainsi diminuée m'emportait au-delà de la tristesse, mais je voulais lui montrer que j'étais là pour elle, à chaque instant, et surtout il fallait continuer à lui mentir, à me mentir, pour pouvoir supporter sa déchéance sans craquer et continuer à lui apporter notre amour et notre soutien.

Julie a ensuite voulu rentrer chez elle avec tout un système d'hospitalisation à domicile. Le jour où nous l'avons accompagnée pour la ramener dans sa maison, elle a refusé une ambulance, elle voulait absolument rentrer avec Yves et moi dans notre voiture. Pendant le trajet, elle était tellement heureuse, elle rayonnait et nous disait merci toutes les minutes, mais en arrivant chez elle, je n'oublierai jamais l'image d'Yves la portant dans ses bras pour la déposer sur son canapé, elle semblait tellement fragile…

Nous avons passé deux jours merveilleux chez elle, nous venions le matin avec Yves quand Damien partait travailler et nous repartions le soir quand il rentrait, car elle ne pouvait pas rester seule ne serait-ce qu'une minute, et même si cela paraît inconcevable, j'étais prête à ce que cette situation très lourde dure toujours.

Mais toujours n'existait plus pour nous… Nous étions le 7 février et Julie allait nous quitter dans la nuit.

L'ADIEU

14 février… drôle de Saint-Valentin… nous nous réveillons avec Yves pour vivre sans doute la journée la plus triste et difficile de notre vie, la crémation et l'enterrement de notre fille Julie. Impossible de parler, je me préparais intérieurement à vivre un jour immensément triste. Cela faisait des nuits que j'avais du mal à dormir car, depuis six jours, ma Julie était seule dans une chambre funéraire et j'allais la voir chaque jour, mais le corps que je voyais recouvert d'un drap n'était plus celui de mon enfant ; elle n'était plus là. Regarder la mort en face est un sentiment très fort qu'on ne peut jamais oublier, mais qui permet sans aucun doute de commencer à accepter à défaut de comprendre.

Marie m'accompagnait souvent car elle avait besoin de voir sa sœur encore et encore, elle ne pouvait pas s'empêcher, quand on quittait la pièce, de mettre la musique de Coldplay à fond sur le lecteur CD qui était à disposition, comme un cadeau pour Julie, et pour se prouver que la vie continuait.

Cette journée a commencé par ce terrible moment de la mise en bière, ce dernier instant où l'on peut une dernière fois regarder le visage de l'être aimé qui nous quitte. Un ultime baiser sur son front glacé mais, à cet instant, je ne comprends sans doute pas encore ce que veut vraiment dire le mot ultime. À l'arrivée au crématorium, une foule immense nous attend dehors, c'est incroyable de voir combien de personnes sont là, présentes pour elle et pour nous. Tous les médecins du centre où elle travaillait sont là et elle aurait adoré cela ! Elle était tellement fière de son travail. Bien sûr, toute la famille au grand complet est là aussi et ils sont tous accablés, les amis de Julie et tous les nôtres aussi sont près de nous, et nous serrent dans leurs bras.

En entrant dans cette salle immense déjà pleine de tous ses amis, je ressens une émotion intense, tous les regards sont portés sur nous mais le mien n'est fixé que sur le cercueil de Julie. Je dois commencer la cérémonie en lisant le texte que j'ai préparé depuis plusieurs jours… je pensais ne pas y arriver mais, devant ce pupitre, devant ce cercueil, devant tant d'amour de la part de l'assemblée, je me sens portée et j'arrive à lire à haute voix mon dernier message d'amour pour elle :

« Beaucoup d'entre nous aujourd'hui pensent que c'est une injustice, que ce long combat que tu as mené si courageusement depuis trois ans n'a servi à rien. Bien sûr, je ne pourrai plus caresser tes belles boucles blondes, mais cette force de vivre que tu nous as montrée à tous, va permettre à chacun de nous de vivre plus intensément chaque jour de nos vies. Tu es née le jour de la fête des Lumières et lumière tu resteras. Alors, non, ton combat n'a pas été inutile… Et maintenant, il ne te reste plus à toi qu'à t'envoler avec les anges, et à moi de continuer à vivre et d'accepter l'inacceptable. »

Puis, Marie et Henri sont aussi parvenus à lire leurs textes pleins d'amour et d'émotions, les cousines Marion, Maud et Géraldine ont rappelé tellement de beaux souvenirs communs d'enfance, les amies Chloé, Florence et Marylène ont exprimé leur amitié indestructible, la Maman de Damien et sa sœur ont parlé de cet amour qui les unissait, Jean-Jacques a expliqué son courage, et tous ces messages étaient tellement beaux et tellement sincères. Ils rendaient un hommage éblouissant à ma Julie. Toute la cérémonie était enveloppée de la musique de Coldplay qu'elle aimait tant, et des photos de tous les moments heureux de sa courte vie défilaient devant les yeux de tous remplis de larmes.

Mes deux petites princesses, Romy et Margot, avaient collé des dessins sur le cercueil, et certains avaient déposé des petites bougies.

Leur père, Antoine, qui avait quitté Marie depuis huit mois après quinze ans de vie commune n'avait pas eu le courage d'affronter nos regards et n'était donc pas présent. Autant de lâcheté et d'incorrection vis-à-vis de nous tous me semblaient invraisemblables et, en même temps, il n'avait plus sa place avec nous après s'être comporté comme il l'avait fait.

Cette cérémonie que j'appréhendais tant était en train de devenir un moment unique et inoubliable car je savais que notre Julie l'aurait adorée… elle était à son image, pleine d'amour et de vie.

Puis, le moment magique est arrivé lorsque le cercueil a quitté la salle… tout le monde, plus de cinq cents personnes, s'est mis à applaudir en même temps pendant de longues minutes, et nous étions tous unis par un même sentiment, lui dire adieu et lui envoyer toute notre admiration pour tout ce qu'elle nous avait donné à tous pendant ce long combat.

Les larmes se sont transformées en sourires sur tous les visages et je me disais que Julie devait être tellement heureuse et fière de ce moment. Peut-être même n'était-elle venue sur terre que pour vivre cet instant !

Chacun son tour, tout le monde est venu nous embrasser et nous donner un peu d'amour et de courage, puis nous nous sommes tous retrouvés dehors dans un jardin, sous un soleil magnifique pour un mois de février… la magie continuait… Gaëlle et Jean-Damien, mon neveu, avaient eu la gentillesse d'organiser un buffet chez eux pour toute la famille et les amis proches. Cette journée que j'imaginais horrible était en train de devenir incroyablement douce car jamais encore dans ma vie je n'avais reçu autant d'amour. Il faisait tellement beau que nous étions tous dehors dans le jardin, quand soudain dans le ciel un avion a dessiné un immense cœur dans un nuage qui remplissait tout le ciel bleu, sans doute un amoureux transi l'avait commandé pour la Saint-Valentin, mais pour nous tous c'était un signe merveilleux, notre Julie nous envoyait tout son amour et nous disait merci à tous d'être là.

Romy, du haut de ses sept ans, nous a dit :

« Ça, c'est tata Julie qui nous dit adieu. »

Dans l'après-midi, nous sommes allés tous ensemble en famille déposer les cendres de Julie dans le caveau familial où elle allait reposer avec son grand-père adoré, Marc, et sa grand-mère Malou.

Quand la pierre tombale se referme et est scellée, il y a comme un goût amer de jamais et de toujours… jamais plus tu ne seras là… et toujours tu seras dans mon cœur.

C'était fini… mais personne n'arrivait à se séparer et à rentrer chez soi alors, Géraldine, une autre nièce, a proposé à tous de finir la journée ensemble. Encore un élan d'amour et c'était tellement bon de sentir que nous étions tous unis autour de celle qui avait changé nos vies à tous.

Adieu ma fille, adieu ma Julie…

LA RÉPONSE…

La seule réponse à nos questions, c'est qu'il n'y a pas de question…

Face à la mort d'un être aimé, il y a plusieurs étapes pour, comme on dit, faire son deuil. Si celle-ci arrive suite à une longue maladie, comme pour Julie, il y a pendant quelques jours une forme de soulagement face à la fin de la souffrance de l'être cher, mais cela ne dure pas longtemps car très rapidement l'absence se fait sentir.

Le sentiment du manque et de l'absence est fondamentalement lié à la notion du temps qui passe. Si on pense aux souvenirs du passé, on ressent une tristesse profonde et une nostalgie intense, et si on pense au futur, on prend conscience que plus jamais on ne verra la personne qui nous a quittés. Mais si on fait l'effort de vivre dans l'instant, alors on arrive à accepter ce qu'on pensait inconcevable.

Chaque être humain a trois niveaux de conscience principaux : le mental, l'affect et l'émotionnel.

Le mental est le plus souvent relié au futur et nous oblige à analyser et à nous poser des questions ; dans mon cas, les questions étaient « pourquoi ma fille est morte ? Comment peut-on mourir à trente-huit ans ? Pourquoi ne suis-je pas morte à sa place ?... », autant de questions, bien sûr, dont je n'aurai jamais les réponses. Alors à quoi bon continuer à se les poser ? Pour se faire du mal ? Oui, sans aucun doute car on ressent profondément le besoin de souffrir soi-même quand on a été spectateur de la souffrance de son enfant pendant plusieurs années. Mais, là encore, cela n'a aucun sens de s'imposer ces questions qui deviennent une torture mentale. Si on se laisse manipuler par toutes ces questions sans réponses, cela devient obsédant et on ne pense plus à rien d'autre, alors on oublie tous les autres autour de soi et plus rien n'a d'importance.

L'émotionnel est en lien avec notre passé et tous nos souvenirs. Quand on se connecte avec ses émotions, surtout lorsque celles-ci sont douloureuses suite au décès d'un être aimé, on en perd souvent le contrôle et on se laisse submerger par des sentiments qui nous dépassent. Les souvenirs reviennent souvent dans le désordre et vous poussent à ressentir à nouveau des émotions qu'on croyait oubliées.

L'erreur est le plus souvent de se laisser balancer entre son mental et ses émotions, et de penser que l'un peut répondre à l'autre et vice versa pour nous permettre de trouver des réponses, qui pourtant n'existent pas. La seule solution est de prendre conscience de son affect qui est la seule clef pour accepter ; l'affect est toujours connecté avec le présent et permet de vivre dans l'instant.

Mes nombreux voyages en Inde m'ont, sans aucun doute, permis de comprendre ce rapport au temps et de me connecter avec une forme de spiritualité dont les Indiens ont le secret… le concept de l'impermanence des choses. En effet, si on conçoit la vie comme un passage limité dans le temps, alors la mort devient une fin difficilement acceptable, mais si on arrive à comprendre que la vie et la mort ne font qu'un, et que l'un n'existerait pas sans l'autre, alors seulement on peut commencer à admettre que la mort n'est plus une limite.

Pour accepter aussi la souffrance, dans mon cas celle d'avoir vu Julie souffrir beaucoup dans les derniers mois de sa vie, il faut aussi admettre que la souffrance est l'intrusion dans le présent, de notre passé ou de notre avenir, chargé de souvenirs ou de projections qui altèrent la perception de notre réalité. Donc, si nous laissons nos souvenirs ou nos peurs de l'avenir nous submerger, alors le présent n'a plus de sens et la vie quotidienne devient difficile.

Pour continuer de vivre après la perte douloureuse d'un enfant, il faut donc essayer de trouver un sens à sa mort, et c'est bien sûr dans sa vie qu'on peut le trouver. Pour Julie, c'est une vie tellement heureuse, une vie remplie d'amour et une maladie qui l'ont aidée à se réaliser pleinement et à recevoir enfin l'admiration de tous. Cette admiration qu'elle était venue chercher dans sa vie !

Ce qui aide aussi beaucoup, c'est de voir comment chaque jour, même après sa disparation, Julie continue d'être une étoile pour tous ceux qui l'ont connue. Je ne compte plus les personnes qui m'avouent avoir changé la vision de leur vie depuis la mort de Julie. Certaines ont même pris des décisions importantes pour changer leur quotidien et, pour nous, c'est extraordinaire de voir comment Julie continue d'influencer les autres, sans doute même avec plus de force que si elle était toujours en vie avec nous.

Vivre dans le présent est donc le meilleur chemin pour lui rendre hommage car, en prenant conscience de chaque instant, on donne de la valeur à nos vies au quotidien et, grâce à Julie, on veut réussir nos vies et lui montrer que c'est elle qui nous guide sur la route à suivre. La mort de Julie donne un vrai prix à chaque instant de nos vies si nous gardons la capacité de vivre chaque moment en pleine conscience du présent, et si on essaye d'oublier les mots jamais et toujours pour ne plus penser qu'à maintenant. Depuis le départ de Julie, les moments de ma vie où je rencontre des difficultés, des problèmes, du stress sont devenus beaucoup plus faciles à gérer car avoir vécu une épreuve douloureuse aide à beaucoup relativiser. Mais, curieusement, ce sont dans les moments heureux, du plus simple au plus intense, que le manque se fait sentir. Je n'ai pas perdu le goût de vivre car pour Julie nous nous devons tous de continuer à vivre pleinement, mais la seule chose que j'ai sans doute perdue, c'est une forme d'insouciance.

En tant que Maman, je t'avais donné la vie, mais toi, ma Julie, tu as donné un sens à ma vie et ces trois années que nous avons vécues ensemble nous ont permis de vivre une relation unique que nous n'aurions sans doute jamais connue si ta vie avait été sans problème.

Il n'y a pas d'injustice dans la mort, comme on l'entend souvent, rien n'est juste ni injuste, il y a seulement la vie et la mort qui sont un tout. L'important est de remplir chaque jour de nos vies avec conscience, et de comprendre le sens de nos actions.

Quand on demande à un Occidental de symboliser la vie et le temps, il représente le plus souvent une ligne avec un début et une fin ; si vous demandez la même chose à un Indien, il va représenter un cercle dans lequel on ne voit plus ni début ni fin mais seulement le contenu du cercle.

Quand nous n'arrivons pas à trouver un sens à la mort d'un être aimé, posons-nous la question de savoir quand réellement sommes-nous nés ? Le jour de notre conception ou même avant, lors de l'ovulation de notre mère ? Le jour de notre naissance ? Le jour où nous avons commencé à parler ? Le jour où nous devenons parents nous-même ? Il y a tellement de jours dans une vie qui sont des naissances… Alors posons-nous aussi la question de savoir comment dater la mort d'une personne ? Le jour de sa mort ? Le jour de son enterrement ? Le jour où sa conscience a diminué ? Le jour où plus personne ne pensera à elle ? Le jour où plus personne ne parlera d'elle ? Il y a tellement de jours dans une vie qui ressemblent à la mort. La vie et la mort ne sont qu'un seul concept qui évolue en fonction de notre regard et de notre façon de l'appréhender.

Julie continue d'exister même si elle ne continue plus de vivre avec nous, et l'existence a tellement plus de prix que la vie elle-même. Si on considère la mort comme la fin de la vie, elle ne sera jamais la fin de l'existence, il ne faut donc plus avoir peur de la mort car rien ne s'arrête vraiment. Notre vie est limitée mais notre existence est illimitée.

À TOUT À L'HEURE MA JULIE…

Imprimé en France
ISBN 979-10-203-3157-1
Dépôt légal : 2e trimestre 2020